D1858722

Mit guten Appetit

im Oktober 2008

JONAS VERLAG

Bibliografische Information der Deutschen Nationalbibliothek

Die Deutsche Nationalbibliothek verzeichnet diese Publikation in der Deutschen Nationalbibliographie; detaillierte bibliografische Daten sind im Internet über *http://dnb.d-nb.de* abrufbar

© 2008 Jonas Verlag
für Kunst und Literatur GmbH
Weidenhäuser Str. 88
D-35037 Marburg
www.jonas-verlag.de

Druck: Fuldaer Verlagsanstalt

ISBN 978-3-89445-400-5

MARTIN MARIA SCHWARZ und ULRICH SONNENSCHEIN (Hg.)

HESSEN VERFRESSEN

ORTE KULINARISCHER ERFAHRUNG

mit Beiträgen von

Leonie Berger
Hadwiga Fertsch-Röver
Stefan Fries
Ruth Führer
Alf Haubitz
Barbara M. Henke
Reinhard Lauterbach
Eva Ludwig
Ursula May
Dorothee Meyer-Kahrweg
Renate Müller
Jürgen Roth
Gudrun Rothaug
Hans Sarkowicz
Mario Scalla
Rudolf Schmitz
Manfred E. Schuchmann
Leopold Schuwerack
Martin M. Schwarz
Dieter Sdun
Ulrich Sonnenschein
Birgit Spielmann
Christian Sprenger
Ruthard Stäblein
Daniel Sulzmann
Utz Thimm
Julika Tillmanns
Andreas Wicke

JONAS VERLAG

Inhalt

Schlingen

Verkosten

Vorwort

Längst essen wir nicht mehr allein um satt zu werden. Unsere Bäuche sind bereits voll, wenns ans Kochen geht oder ins Restaurant. Hunger? Das war einmal, wir sind umringt von Lebensmitteln und Speiseangeboten, kaum dass wir die Tür hinter uns geschlossen haben.

Seitdem hat sich ein Wandel in unserer kulinarischen Kultur vollzogen. Das Essen als Versorgungsmaßnahme ist einem neuen Bedürfnis gewichen: Essen als Unterhaltungsprogramm, das ist die heutige Maßgabe. Was der spanische 3-Sterne-Koch Juan Amador in Langen derzeit mit seiner, an Ferran Adrià geschulten, Molekularküche anbietet ist genau das: Essengehen als Abenteuer, als exotisches Sensationsmoment, von dem man genauso erzählt, wie von einem Fallschirmsprung im Urwald oder einer Wüsten-Exkursion im Heißluftballon.

Es geht also beim Verzehr von Speisen und Getränken oft nicht einmal mehr um die schlichte Nahrungsaufnahme, sondern vielfach um etwas ganz anderes. Das drastischste Beispiel finden wir vielleicht beim Kannibalen von Rothenburg, der auf der Suche nach der menschlichen Seele, das Fleisch eines Freundes in sich aufgenommen hat. Wenn man hier überhaupt noch von Essen reden kann, dann ist diese metaphysische Art der Einverleibung, unabhängig von Stoffwechsel und Metabolismus, zugleich auch die abstoßendste. Doch genau um diese emotionalisierten Erfahrungen geht es oft. Das Glücksgefühl eine selbstgesammelte Esskastanie zu verspeisen, oder sich an Frankfurts schärfster Currywurstbude im Grenzbereich der Verbrennung einen einmaligen Gaumenkitzel zu verschaffen sind da nur graduell unterschiedlich. Denn Schärfe tötet den Geschmack nicht, sie ist für sich ein Geschmackserlebnis, vielleicht vergleichbar mit der atemberaubenden Erfahrung des Bungee-Jumping. Nichts anderes will dieser Frankfurter Wurstverkäufer seinen um die Mittagszeit wartenden Büroangestellten bieten und ist damit ein kleiner kulinarischer Pop-Star geworden.

Doch wenn man genauer hinsieht war es im Grunde schon immer so. Von allen Handlungen ist die Nahrungsaufnahme am deutlichsten an das Ritual gebunden. Angefangen bei den Tischsitten, die kaum dazu dienen, das Essen schneller oder besser aufnehmen zu können, bis hin zu den Ritualen der öffentlichen Dareichung oder des Verkaufs. Die Nahrung wurde von ihrem Ursprung getrennt und verdinglicht. Man machte sich spätestens dann Gedanken über begleitende Rituale, als genug Fleisch, Fisch, Brot und Eier zur Verfügung standen und die Menschen ausreichende Mittel hatten, so viel wie nötig davon zu erwerben. Schon damals wurde mit dem Essen auch ein Mehrwert transportiert. Die Krönungsbankette anlässlich der Kaiserwahlen in Frankfurt beispielsweise dienten ja auch nicht dazu, den unmittelbaren Hunger der geladenen Fürsten zu stillen, sondern dazu, sie ehrfürchtig und klein werden zu lassen und sie letztlich auf gekonnte Weise zu demütigen.

Was tun wir, wenn wir essen, und sei es nur eine nicht gerade weltberühmte Troki Schoki? Eines ist sicher: Es geschieht immer etwas über das Gefühl der Sättigung hinaus. „Hessen verfressen" ist also eine ganz neutrale Zustandsbeschreibung des alltäglichen Umgangs mit der Speise, historisch fundiert, an unbekannten Beispielen verdeutlicht und kulinarisch aufbereitet. Fisch, Fleisch und Salat – Süßes, Saures und natürlich Scharfes servieren wir in diesem Band, ohne auf diätetische Fragen zu achten und lassen die schlanke Line außer Acht. Manches mag anregen, manches abstoßen – das liegt in der Natur des Geschmacks, der zwar schulbar aber nicht streitbar ist, und deshalb gibt es auch keine Rezepte.

Der Hessische Rundfunk hat die Beiträge im Sommer 2008 gesendet, in der Spätausgabe des täglichen Kulturmagazins Mikado in hr2-Kultur, von Montag bis Freitag immer zwischen 17.05 und 18.00 Uhr.

Martin Maria Schwarz Ulrich Sonnenschein

Füttern

„Gut, frisch und ufrichtig“ Der Frankfurter Fischmarkt

Leopold Schuwerack

Samstags, Punkt sieben Uhr morgens, eine scheinbar heile Welt, die noch nicht wusste, dass es Amerika gab.

Der Marktmeister hisste die Frankfurt-Fahne (weißer Adler auf rotem Grund) auf dem Samstagsbergbrunnen – der Wochenmarkt für die einheimische Bevölkerung war eröffnet. Auf der Ostseite – freitags und samstags – das Angebot der Frankfurter Mainfischer, die das Privileg hatten, als Einzige auf dem Markt verkaufen zu dürfen. Zumeist natürlich aus heimischen Gewässern, aus dem durch die Stadt fließenden Main und den Weihern im nahen Umland der Freien und Reichsstadt. Doch das war bis dato nicht selbstverständlich: erst seit dem 3. März 1483 war es Frankfurter Fischern per kaiserlichem Privileg von Friedrich III. erlaubt, unbehelligt auf dem Main zu fischen – von der Mainmündung bei Mainz bis flussaufwärts nach Aschaffenburg. Keine Festnahmen mehr durch den ruchlosen Gottfried von Eppstein, der im Mai 1414 Frankfurter Fischer (22 an der Zahl) in seine Taunus-Burg verschleppen und einkerkern ließ, weil die bei Kelsterbach im Main fischten. Ein Drittel aller gefangenen Fische sei ihm zu schulden! Auch mainabwärts, in Kostheim soll es zu Festnahmen gekommen sein, weil die Frankfurter sich weigerten, den „dritten Fisch“ abzugeben.

Diese gefahrvollen Zeiten waren vorbei, der Main war voller Fische, die Frankfurt brauchte, denn es gab etwa 140 Fasten- also fleischlose Tage im Jahr. Mehr als zwanzig Sorten waren in der Frankfurter Taxordnung aufgelistet: Forellen, Grundel (Gründling, Schmerle), Loben, Bricken, Neunauge, Hecht, Karpfen, Barbe, Brasse, Orben, „Mouwen und Schwolen“, Barsch, Aal, Aalraupe („ruppen“), Brasse, Rotauge (Plötze), Hasel, weitere Speisefische sowie Flusskrebse. Die Preise waren festgelegt, hier wie anderswo regierte das Zunftwesen und die Ständeordnung. Denn nicht jeder konnte Fisch essen, wann er wollte.

Der Frankfurter Fischmarkt auf dem Samstagsberg

Salm, Hecht und Lachs gehörten zu den Herrenspeisen der Patrizier, manche Fische durften auch nur bei besonderen Anlässen verzehrt werden.

Das einfache Volk beschied sich mit gesalzenen oder getrockneten Seefischen. Die waren billiger, kamen von weit her, durften aber nur von Frankfurter Fischern verkauft werden. Frankfurter Zunftfischer waren nicht nur Erzeuger, sondern auch Vorkäufer und Zwischenhändler – alles über die lokal-protektionistische Markt- und Zunftordnung organisiert und kontrolliert.

Für die delikaten Salme wurde an jedem Samstag der Pfundpreis festgelegt – vom Bürgermeister höchstpersönlich. Und ein eigens angestellter Salmschnitter hatte die Fische aufzuschneiden.

Lachs und Hecht waren teure Speisen: bis zu 64 Pfennige kostete ein Stück, dagegen gab es Heringe für sechs Pfennige – was auch nicht wenig war: der Kauf von sieben Heringen entsprach dem Tageslohn eines Feldarbeiters. Für sechs Pfennige bekam man in der Verkaufs-„Hocke“ nebenan 18 Eier oder drei Pfund Weizenmehl.

Der Frankfurter Fisch wurde von Frankfurter Fischern in Holzbuden verkauft, vor denen Wassertröge standen, in denen die zumeist lebende Ware zu begutachten war. Der Verkauf von toten oder untauglichen Fischen war seit 1433 durch die „Gesundheitspolicey“ untersagt: „Wo sie nicht gut seyn, schmeysset man sie in den Mayn!“

Die behördliche Aufforderung war wohl notwendig, denn es wurde Klage geführt, dass ungenießbare oder unverkäufliche Waren profitträchtig in den Garküchen rund um den Fischmarkt verbraten wurden. Und wen wundert es, dass die Preise während der beiden Jahresmessen sich verdoppelten.

Doch zurück zum heimischen Flussfisch mittenrein ins trübste aller Kapitel um den Frankfurter Fisch, zum Main bei Frankfurt, der die Stadt eher teilte als vereinte.

Der Main war bequeme Abfallkippe und Abwasserkanal für jedermann. Zumeist wurden Müll und Fäkalien nachts von den Brücken gekübelt, und bis Ende des 18. Jahrhunderts gab es sogar eine dafür vorgesehene „Kübelbrücke“. Sorgsam wurde darauf geachtet, dass Straßen, Brücken und Geländer sauber blieben. Aber was in den Main gelangte, das interessierte weniger. Der Luftverschmutzung wurde mehr Aufmerksamkeit zuteil als der Wasserverschmutzung. Der Uferschlick wurde dann erst zum Problem, wenn er zum Himmel stank. Auch die anliegenden Schiffe und Flöße am Mainufer behinderten den Abfluss des verschmutzten Wassers. Dazu kamen – mitten im trägen Schlick – die fest installierten Wehre und Legeschiffe, die an verschiedenen Stellen im Main lagen, in Reihen neben- und in Lagen übereinander, um damit den Main abzufischen.

Sowohl Fischer als auch die Fische hatten es nicht weit vom Main zum Fischmarkt, aber der Geruch des Flusses hing über der gesamten Szenerie. So nimmt es nicht wunder, dass der Fischmarkt am äußersten östlichen Ende des Samstagsberges (später: Römerberg) angesiedelt wurde, ganz nahe am Main, den man roch, bevor man ihn überhaupt sehen konnte. Dort, an der Ostseite stand der „Samstagsbrunnen" – 1481 erstmals erwähnt –, ein Ziehbrunnen, dessen Wasser für die lebend angebotenen Fische in den Holzbottichen gebraucht wurde. Natürlich gab es Ärger, denn die sesshafte Nachbarschaft wollte ein Brunnengeld, wie schon für den Nikolaibrunnen. Der Magistrat musste wieder eingreifen: die Hälfte der Kosten wurde von den Fischern bezahlt, die bekamen dafür so viel Wasser, wie sie wollten und dazu – im Jahr – ein Maß Wein. Als Schmuckfigur zierte natürlich der Wassergott Neptun den Brunnen, den Dreizack schwingend. Später, als es mit der Fischwirtschaft bergab ging, zierte die Göttin Minerva den Brunnen.

Ein Teil der Fischer wohnte auf der Stadtseite, ein anderer Teil an der Südseite des Mains, in Sachsenhausen, wo einige Mainfischer ihre Waren in Weihern zwischenlagerten – bis die Preise auf dem Römerberg-Markt auf der Nordseite stiegen und man mit den Fischen höheren Profit erzielen konnte. Innerhalb der Zunft gab es immer wieder Auseinandersetzungen zwischen den Fischern aus „hibbedach" und „dribdebach", die sich öfters auch handgreiflich äußerten und aktenkundig wurden. Und ab und zu fiel in den Auseinandersetzungen das böse Wort von den „ußlendern"...

Die Aufstellung der Verkaufsbuden auf dem Markt war deshalb streng geregelt: Frankfurter und Sachsenhäuser Fischer waren getrennt platziert. Als zweites Ordnungsprinzip zählte die Mitgliedschaft in der Zunft: die Jungen hatten die „schlechteren“ Plätze, die Altvorderen der Zunft die besseren Stände.

Wie also auf sich aufmerksam machen?

Besonders die verheirateten Frankfurter Fischerweiber müssen es auf dem Fischmarkt am Dom ziemlich derb getrieben und die Ware ziemlich aggressiv angeboten haben. So wurden vom Rat der Stadt im Jahre 1399 Frauen vom Fischverkauf kurzzeitig ausgeschlossen. Sie durften zwar ihren Männern, Vätern und Dienstherren die Ware zutragen, aber nicht feilbieten. Auf keinen Fall sollten sie dastehen und „reden oder rumen“, wie es so ruppig wie wohl realistisch in den Quellen gerügt wurde.

Die rüde Anmache, das rhetorische Rumoren muss wohl erfolgreich gewesen sein, denn Klage führten mutmaßlich unverheiratete Fischer bzw. Fischer ohne Töchter, die sich auf dem Markt gegen die Frankfurter Fischweiber wohl nicht durchsetzen konnten. Aber es gab auch die barmherzige Ausnahme im Ordnungsrecht: Witwen von Fischern durften selbst handeln und verkaufen.

Bei den Fischweibern – so sie überhaupt auftraten – ging es deshalb recht gesittet zu, im Gegensatz zum Obst- und Gemüsemarkt an der Nordseite des Samstagsbergs. Die Marktfrauen dort mussten sich vom Rat sagen lassen, sie sollten nicht „mit ohnbändigen Geschrey schimpfen, schänden und schmähen, boßhaft erfrechen, daß die dasige Nachbarschaft dadurch beunruhigt und sich bey uns darüber zu beschwören Anlaß genommen“. Das galt – so die Frankfurter Quellen – natürlich vor allem für Sachsenhäuserinnen...

Diskriminiert, auch auf dem Fischmarkt: Juden mussten auf Anordnung des Hohen Rates warten, bis die übrigen Bürger ihre Waren hatten, durften „nicht dreinreden“, also die festgesetzten Preise nicht überbieten.

So bunt das Treiben auf zeitgenössischen Bildern auch aussah, alles war geregelt und taxiert, gemessen und gewichtet, verzunftet und dekretiert – und das seit alters her: die Fischerei ist das älteste für Frankfurt bezeugte Handwerk und wurde erstmals 994 erwähnt, seit ca. 1320 war die Zunft der Fischer im Rat vertreten.

Frankfurt im späten Mittelalter: knapp 10.000 Einwohner, darunter 1378 Zunfthandwerker in zwanzig Zünften, neunzig davon Fischer. Keine sehr expandierende Zunft: jeder Meister durfte nur einen Gesellen einstellen, die Konkurrenz untereinander wurde durch Anwerbestopp klein gehalten. Und als einige Fischer alle Bachkrebse in der Umgebung aufkauften, um diese dann mit Gewinn auf dem Fischmarkt zu verkaufen, verbot der Rat der Stadt Frankfurt auf Ersuchen der Zunft diese Praxis: Dies würde zu reichen und armen Fischern führen, den Wettbewerb verzerren.

Das rigide Zunftsystem behinderte zwar die Entwicklung des Fischereigewerbes, sorgte aber für die Frankfurter Fischer und führte zu erschwinglichen Preisen für die Frankfurter Bevölkerung.

Doch Bevölkerungsdruck und Messeboom unterliefen diese Ordnung, das Mittelalter neigte sich seinem Ende zu: das Zunftwesen verfiel, der Main wurde immer mehr belastet: Pulver- und Gerbermühlen kippten immer mehr Abfälle in den ohnehin trüben Main, und Mitte des 16. Jahrhunderts kamen mit der Einwanderung reformierter Glaubensflüchtlinge noch mehr Färberbetriebe an den Main.

Das Handelsprivileg der Frankfurter Fischer verfiel, der Fischmarkt war immer weniger ein Erzeugermarkt heimischen Fangguts. Immer mehr musste importiert werden. Und Ende des 19. Jahrhunderts wurde der Fischmarkt geschlossen, alle Händler zogen in die überdachte Kleinmarkthalle. Die Zeit der „Heringshocken“ war vorbei. Und aus dem Samstagsmarkt wurde der fisch- und geruchsfreie Römerberg.

Lachs satt
Vom Wanderfisch zur Wandersage

Hans Sarkowicz

Ein großes Ölgemälde im Weilburger Stadtmuseum zeigt einen kapitalen Lachs. Am 15. Dezember 1662 sei er in der Lahn mit einem Fischspeer erlegt worden. Er soll über 1,15 Meter lang und „dreyßig pfundt“ schwer gewesen sein. Nur ein Lachs von dieser Größe und diesem Gewicht war damals eine Seltenheit. Denn überall in Hessen zogen die Wanderfische im Spätherbst und Winter flussaufwärts, um ihre Eier in den Laichgebieten abzulegen. Vier bis fünf Jahre benötigt ein Lachs, um geschlechtsreif zu werden und von seinem Lebensraum um Grönland und in der Nordsee in seinen Geburtsbach zurückzukehren. Für die Fischer an Rhein, Main, Lahn oder Kinzig waren die jährlichen Wanderungen ein Fest. Eine riesige Zahl Lachse kämpfte sich regelmäßig durch die damals noch sauberen Fluten.

Fast von jedem größeren Ort an den Flüssen und Bächen wird immer wieder die gleiche Geschichte erzählt, die für das 18. und 19. Jahrhundert typisch gewesen sein soll. Die Dienstboten, heißt es, hätten sich bei ihren Herrschaften darüber beklagt, dass sie

Ein kapitaler Lachs aus der Lahn bei Weilburg

zweimal in der Woche Lachs essen mussten. Manche hätten sogar spezielle Verträge geschlossen, in denen der Lachskonsum auf ein erträgliches Maß reduziert wurde. Erzählt wird das nicht nur von hessischen Fischerstädten, sondern auch von Dresden, Magdeburg, Hamburg, Basel oder Straßburg. Bei so vielen fast gleich lautenden Berichten ist es nicht verwunderlich, dass die Geschichte unterdessen auch Eingang in die historische und fischkundliche Fachliteratur gefunden hat. Wer dabei genauer hinschaut, wird auf einige Merkwürdigkeiten stoßen. Denn niemals ist eine urkundliche Quelle angegeben. Immer wird aus Büchern zitiert, die wiederum aus Büchern zitieren, die ebenfalls aus Büchern zitieren und so fort. Am Ende stößt man auf einen anonym erschienenen Band aus dem Jahr 1830, der offenbar den Ausgangspunkt für alle späteren Erzählungen bildet. In diesem Buch wird allerdings kein dokumentarischer Beleg genannt. Und höchstwahrscheinlich hat es auch nie einen gegeben. Denn der Lachs war zu allen Zeiten ein teurer und begehrter Fisch, der die fürstlichen Tafeln schmückte. So heißt es in einer Dokumentation der Sächsischen Landesanstalt für Landwirtschaft: „Selbst wenn es zu wenigen Zeiten im Jahr zu größeren Lachsfängen kam, so diente dieser nie als Gesindespeise. Das Gesinde bekam nur an hohen Feiertagen im Jahr etwas Fleisch, geschweige denn einen wertmäßig weit über den Fleischpreisen liegenden Lachs. Außerdem waren die Lachsmengen nicht so groß, dass sie nicht auf dem Markt absetzbar waren."

Dienstboten konnten froh sein, wenn sie überhaupt etwas anderes als Hafergrütze oder Kartoffeln bekamen. Und wer die damaligen Gesindeordnungen kennt, der weiß, dass es Mägden und Knechten in keiner Weise erlaubt war, die Stimme gegen die Herrschaft zu erheben. Aber das hat der Wandersage aus fernen Tagen bisher nicht schaden können: „Da sich die These vom Lachs als Volksnahrungsmittel schon vor geraumer Zeit verselbstständigt hat, ist ihr auch mit den überzeugendsten Fakten selbst in der heutigen Zeit kaum noch beizukommen."

Trotzdem könnte in der zumindest gut erfundenen Geschichte ein Fünkchen Wahrheit stecken. Denn die begehrten wohlgenährten und kräftigen Lachse, die zu ihren Laichgebieten unterwegs waren, nannte man damals „Salme". Sie schmeckten köstlich und kosteten viel Geld. Davon wurden die „Lachse" unterschieden, die nach dem Ablaichen wieder ins Meer wanderten. Der Fischbiologe Roland Grimm: „Sie waren abgekämpft und abgemagert und in der Folge so geschwächt, dass sie leicht erbeutet werden konnten. Ihr Fleisch war minderwertig, so dass man es nicht selbst gegessen, sondern nach Möglichkeit weitergegeben hat, insbesondere an Dienstboten."

Das könnte des Rätsels Lösung sein. Aber die vielfältig variierte Geschichte von der Dienstbotenklage hat noch eine andere, tiefere Bedeutung. Sie offenbart den Wunsch vieler Menschen nach Flüssen und Bächen mit so klarem Wasser, dass sich Tausende von Lachse darin tummeln. Im Rhein gab es seit den fünfziger Jahren des letzten Jahrhunderts keine Lachse mehr. Der Strom war zur Kloake geworden, der ein Chemieunfall im Jahr 1986 den ökologischen Rest gab. Seither geht es allerdings aufwärts. Schon 1987 startete ein Aktionsprogramm, für das der Lachs zur Symbolfigur wurde. Heute ist der Rhein wieder so sauber, dass er für wandernde Lachse kein Hindernis mehr darstellt. In der Wisper im Taunus werden seit 1998 jährlich 40.000 Junglachse ausgesetzt, die über den Rhein in die Nordsee schwimmen. Die ersten sind schon zurückgekehrt und werden sorgfältig registriert. Andere hessische Flüsse sollen folgen. Es wird allerdings noch lange dauern, bis wieder 200.000 Lachse jährlich aus dem Rhein gezogen werden können, wie damals anno 1885.

In Konkurrenz zum Kormoran
Der letzte Mainfischer

Stefan Fries

Es ist ein Kreuz mit dem Wasser im Main. Es ist einfach zu sauber. Zugegeben, so sieht es nicht aus, nicht mal an einem sonnigen Tag, wenn man etwa in Frankfurt einen Blick auf den Fluss wirft, der alles mit sich zu tragen scheint, vom Herbstlaub bis zum Katzenkadaver. Aber auch ein paar Kilometer flussaufwärts in Seligenstadt, wo die Wasserqualität noch besser ist, sieht es grau aus, wenn der Regen Erde von den Feldern abgetragen und in den Fluss gespült hat, wenn der Grund aufgewirbelt ist, wenn sich der graue Himmel auf der Wasseroberfläche spiegelt.

So wie an diesem Donnerstag Ende Februar, als Franz-Georg Burkard am Seligenstädter Ufer in seinen Nachen steigt und das flache Arbeitsboot mit Bordmotor auf den Main hinauslenkt. 48 Jahre ist er alt, blaue Jeans, dunkles Holzfällerhemd, Gummistiefel, fester Blick flussaufwärts. Weitgehend ruhig fließt das grau-braune Wasser dahin, nur hin und wieder kräuselt sich eine Welle; keine Handbreit kann man in die Tiefe schauen. Aber viel los ist da unten ohnehin nicht, wie sich an diesem Morgen herausstellen wird.

Seit 35 Jahren fährt Franz-Georg Burkard auf den Main, um seine Netze auszuwerfen. Erst waren es die seines Großvaters, dann die seines Vaters, bald sollen es die Netze seines Sohnes sein. Seit 600 Jahren ist seine Familie dem Main verbunden. Auf dem Streckenabschnitt von Seligenstadt darf nur fischen, wer der Fischerzunft von 1546 angehört; die Burkards sind seitdem dabei. Franz-Georg Burkards Großvater fuhr mit dem Boot von Seligenstadt die 34 Mainkilometer bis nach Frankfurt, um dort seinen Fisch zu verkaufen – seit ihrer Gründung 1954 in der Kleinmarkthalle, zuvor auf dem Börneplatz, wo ihm vor allem die Juden vor Freitagen gute Umsätze bescherten.

Damals kamen die meisten der Fische noch aus dem Main. Doch diese Zeiten sind lange vorbei. Heute ist Franz-Georg Burkard der letzte Fischer, der hauptberuflich in den Seitenarmen des

Der Mainfischer Franz-Georg Burkard in der Frankfurter Kleinmarkthalle

Mains seine Netze auswirft. Doch davon leben und seine Frau und die beiden Söhne ernähren kann er so nicht. Als er an diesem Morgen die rund 150 Meter Netz einzieht, finden sich darin lächerliche acht Fische. Rotaugen, Zander, ein Barsch – der erste in diesem Jahr. Hätte er nicht die bis zu 5000 Forellen, die er in den Teichen in seinem Garten züchtet, er müsste seinen Fischereibetrieb einstellen.

„Das Wasser kann man fast trinken. Jetzt gucken Sie mal, wie sauber das Wasser ist", sagt er und zeigt in die Tiefe. „Das wird jetzt noch sauberer, wenn's nicht grad regnet." Das Wasser hat Güteklasse II, es gibt nur eine bessere Stufe. In diesem Wasser finden kleine Fische nur wenig Nahrung, etwa Algen, Würmer und Insekten. Und wenn es keine kleinen Fische gibt, haben auch die größeren nichts zu fressen. Außerdem ist Burkard nicht der einzige, der fischt. Konkurrenz machen ihm die Kormorane, große Wasservögel, die eine bessere Ausbeute haben.

Auch vor 30 Jahren gab es schon mal so wenige Fische im Main – damals aber aus dem gegenteiligen Grund: Das Wasser war sehr stark verschmutzt, zu stark, durch Industrie- und Haushaltsabwässer und weil es nicht genug Kläranlagen gab, die damit fertig wurden. Doch auch damals habe es nie ein Verkaufsverbot für den Fisch gegeben, sagt Burkard. „Er war nie so schlecht, wie er gemacht worden ist.“ Bei den Kunden aber ist etwas anderes hängen geblieben. Die fragen auch heute noch verwundert, ob man Fisch aus dem Main überhaupt essen könne. Man kann – solange es noch welchen zu fangen gibt. Ob es zu wenige Fische gibt, macht keinen Unterschied.

Es gehe rapide bergab seit den letzten zehn, fünfzehn Jahren. Damals konnte man das Netz kaum zwei Stunden stehen lassen, dann drohte es schon zu zerreißen vor lauter Fischen. Bis zu einem Zentner hatte sich darin verfangen. Heute steht das Netz zwischen 16 und 24 Stunden und es finden sich nur die acht Fische darin. „Das rentiert sich ja gar nicht“, sagt Burkard, „normalerweise ist das uninteressant.“ Warum er's dann überhaupt noch mache? „Oh ja, gut, man will ja die Tradition auch ein bisschen beibehalten. Man kann ja mal Glück haben.“ Aber eben nur, wenn man auch rausfahre. Sicher sei das auch mal frustrierend. „Da sagt man dann: Soll man überhaupt fort oder lässt man's lieber?“ Aber Franz-Georg Burkard fährt weiter raus auf den Main, außer im Sommer, in der Regel einmal pro Woche. Die Familientradition ist schlicht zu alt, um sie innerhalb einer Generation einfach so aufzugeben.

Gejagt im Gehege? Wildschwein aus Klein-Auheim

Von Daniel Sulzmann

Ein halber Meter zwischen Fressen und Faszination. Soviel Platz ist genau zwischen dem elektrischen Zaun, den Besuchern und den Wildschweinen in der alten Fasanerie im Hanauer Stadtteil Klein-Auheim. Sus scrofa, wie die Wildsau auf lateinisch heißt, hier ist sie in ihrem Element. Sechs Hektar große waldähnliche Gehege mit Bäumen und Suhlen, in denen sich Dutzende der massigen Tiere tummeln. Auf den Wegen dazwischen immer wieder Besucher mit dicken braunen Tüten in der Hand, und in den Tüten ist das, was die wilden Schweine lieben: Mais. Mehr als zwei Tonnen werden jährlich verfüttert. Dieter Müller, Leiter des Forstamts Hanau-Wolfgang, und damit so etwas wie der Chef der Fasanerie in Klein-Auheim, ist sich sicher, dass die Wildschweine zur Popularität seines Parks beitragen: „Die kommen in der Beliebtheitsskala gleich nach unseren Wölfen", sagt er. Das hätten Umfragen ergeben. Dabei sind die Tiere hier eigentlich wirklich nicht wie in der Natur. 150–160 Kilo schwer ist so mancher kapitale Keiler „aufgebrochen", wie die Jäger sagen, wenn die Innereien vor dem Wiegen schon entnommen sind. Während in gewöhnlichen deutschen Wäldern solche „Bassen" schon uralt sind – sieben, acht oder neun Jahre –, werden die Schwarzkittel in Klein-Auheim in Rekordzeit zu prächtigen Exemplaren herangemästet. Schon die Frischlinge haben nach wenigen Monaten 30–40 Kilo Lebendgewicht auf den Rippen und schnappen begierig nach jedem Körnchen Mais. Dabei ist das noch nicht mal das Ende der Verfressenheit. Förster Müller weiß, dass die Tiere auch noch Brot und ab und zu Fleisch und Fisch gefüttert bekommen. „Ausschließlich mit Mais ernährt würden die irgendwann mal platzen", sagt er mit dem Augenzwinkern und verrät, dass die Sauen an Wochenenden so viel Mais von den Besuchern in die Gehege geworfen bekommen, dass die Tiere Sonntagabends schon mal nichts mehr wissen wollen von der Körnerpracht, die sie das ganze Wochenende in

Wildschweine in der Alten Fasanerie Klein-Auheim

sich rein gestopft haben. Dabei hat Dieter Müller ein mehr als ambivalentes Verhältnis zu den kräftig riechenden Prachtexemplaren. Am Zaun zum Gehege ruft er schon mal: „Na, sagt doch mal was, ihr Wutzen! “ und wird tatsächlich von den übergewichtigen Kopien ihrer Brüder in deutschen Wäldern mit einem kräftigen Grunzen empfangen.

Fortpflanzungszeiten werden hier nicht durch die Natur, sondern durch den Mais bestimmt. Die Tiere sind das ganze Jahr gut genährt, also wird auch das ganze Jahr über Nachwuchs „gefrischt“, wie die Jäger sagen. Und so sind immer alle Altersklassen gut vertreten. „Die Tiere glauben permanent, dass hier die Eicheln von den Bäumen fallen, obwohl es in der Regel Mais ist, aber das macht ja nichts“, sagt Müller mit einem Grinsen. Als besondere Schmankerl gibt es übrigens ab und an mal überfahrene Rehe, die die Allesfresser mit Haut und Haaren verschlingen und sich vermutlich über die Abwechslung zum Mais so richtig freuen. Da nützt es auch nichts, dass eine Besucherin die Tiere für „so niedlich“ hält, schließlich esse sie schon gern Wildschein aber nicht „die hier“ – und schon sind wir mittendrin in der paradoxen Welt der modernen Esser.

Denn natürlich landen die Sauen am Ende da, wo sie die Menschen schon immer am liebsten hatten: auf dem Teller. In der Fasanerie wachsen so viele Wildschweine nach, dass sie „entnommen“ werden müssen, wie die Förster das hier nennen. Das wird aber selbst in dem waldähnlichen Gebiet nicht von Hochsitzen aus gemacht, sondern vom Rand der Gehege aus. Da die Jagd rechtlich im Parkgebiet ruht, werden die Tiere hier offiziell „geschlachtet“ – per Kopfschuss im Morgengrauen, damit keine Besucher verschreckt werden. Trotzdem: Geheimnistuerei steckt nicht dahinter, bei Führungen bekommen alle Besucher das schaurig-leckere Ende der Mais liebenden Vierbeiner erklärt. „Die Kinder der Besucher verstehen das sofort und die Erwachsenen schauen etwas bedrückt“, bekräftigt Dieter Müller mit lobendem Blick für die klare Welt der Kindlichkeit, in der geschlachtete Fasanerie-Wildschweine noch ganz selbstverständlich sein können. Und gerade die Parksauen sind sehr beliebt bei Feinschmeckern. Sorgt doch der höhere Fettanteil durch die Mast mit Mais dafür, dass die Tiere selbst direkt auf dem Drehgrill noch lecker und saftig bleiben. Ganze Wildschweine grillen – mit den Exemplaren aus der Alten Fasanerie gar kein Problem. Die Tiere bleiben, selbst wenn man sie über offenem Feuer gart, eine zarte Delikatesse und sind deswegen sehr beliebt. „Die meisten Sauen werden im Sommer als Spanferkel entnommen“, weiß der Parkchef. Schließlich ist der Park als befriedeter Bezirk, in dem die Jagd ruht, nicht an Schonzeiten gebunden. Sauen zum Grillen gibt’s auf Vorbestellung, also immer. Zu jeder Jahreszeit. Und meist nur als ganze Stücke. Eines ist wirklich blöd für die Wildschweine: sie überstehen keine Narkose und können deswegen nicht ausgetauscht werden mit anderen Tierparks. Und so heißt die Alternative für die Schwarzkittel nur: ich werde ein Schnitzel, früher halbwild, vorher schon immer satt, in Hessens verfressenstem Tierpark. Der Alten Fasanerie Klein-Auheim.

„... da sieht man Brezeln sitzen."
Heinrich Hoffmanns Schlaraffenland-Phantasie

Julika Tillmanns

Heinrich Hoffmann, der Vater des Struwwelpeter, hat in seinem Leben etliche Kulturvereine gegründet. Einer davon hieß „Tutti Frutti". Dort besaß jedes Mitglied einen kulinarischen Namen. Hoffmann selbst war eine „Zwiebel", der Dichterkollege Hessemer eine „Dattel". Eines Tages wollte dieser Hessemer vor dem Vereinsessen zu einer Rede anheben. Doch Heinrich Hoffmann unterbrach ihn: „Mein lieber Hessemer, / Des lesse mer. / Erst esse mer, / Dann Hessemer!"

Der Struwwelpeter-Hoffmann und das Essen – da denken die meisten sofort an die Zeichengeschichte vom Suppen-Kaspar: Ein Hemdenmatz steht da vor einem Teller Suppe und schreit: „Ich esse keine Suppe! Nein! / Ich esse meine Suppe nicht! / Nein, meine Suppe eß ich nicht!" Die Folge der hartnäckigen Nahrungsverweigerung lässt nur wenige Tage auf sich warten. „Am vierten Tage endlich gar / Der Kaspar wie ein Fädchen war. / Er wog vielleicht ein halbes Lot – / Und war am fünften Tage tot." Wegen Geschichten wie dieser avancierte der Struwwelpeter in den 1960er Jahren zum Paradebeispiel für schwarze Pädagogik. 1970 erschien sogar das antiautoritäre Gegenbuch zum Original – der Anti-Struwwelpeter. Darin spricht der aufmüpfige Kaspar: „'Ich esse diese Suppe nicht, / denn diese Suppe schmeckt mir nicht. / Viel besser schmeckt mir dieses Brot.' / Der Vater wird am Kopfe rot." Der Versuch, den kleinen Querulanten mit einer Tracht Prügel zur Suppe zu bekehren, endet diesmal freilich für den Vater im Desaster.

Doch haben die Kritiker auch die Umstände berücksichtigt, unter denen Heinrich Hoffmanns Geschichten entstanden sind? Der 1809 in Frankfurt geborene Arzt praktizierte nämlich ab 1835 in einer Armenklinik. Unter seinen Patienten waren viele Kinder. Um diese Kinder während der ungeliebten Untersuchungen abzulenken, griff der Arzt regelmäßig zum Zeichenstift. Und so sind manche der Figuren des späteren Kinderbuchklassikers unmittelbar am Krankenbett der Armenklinik entstanden, wahrscheinlich auch der Suppenkaspar. Hoffmanns kleine Patienten aber kamen aus Familien, denen oft schon das Brot zu teuer war. Viele überlebten nur von Suppe. Einer Suppe, die aus Kohl oder Kartoffeln zusammengekocht war, die täglich verlängert wurde und wohl kaum dem kindlichen Geschmack entsprach. Aber: Sie machte notdürftig satt. Mit seinem Suppen-Kaspar wollte Heinrich Hoffmann den armen Kindern vermutlich ganz einfach diesen brutalen Zusammenhang klarmachen: Esst eure Suppe – sonst müsst ihr verhungern.

Weniger bekannt als die drastischen Verse von Suppenkaspar und Co. sind jene Zeichengeschichten, die Heinrich Hoffmann später als Direktor der städtischen Nervenheilanstalt veröffentlichte. Auch in ihnen spielt das Essen eine herausragende Rolle, allerdings eine deutlich lustvollere. So entwirft Heinrich Hoffmann in seinem „Prinz Grünewald und Perlenfein“ eine ganze Stadt aus Brezeln. Im Text heißt es: „Auf allen Turmesspitzen, / da sieht man Brezeln sitzen“. Im Bild aber sieht man die Brezeln nicht nur auf den Türmen, sondern auch auf Bäumen, dem Stadttor und sogar dem königlichen Thron. Die Schokolade fließt in dieser Brezelstadt aus mannshohen Kannen. Und eine Gruppe Kinder ist damit beschäftigt, einen puderzuckerweißen Berg aus Kuchen zu besteigen. Das Ende verläuft erwartbar: „Als nun das Spiel zu Ende war, / da hat die liebe Kinderschaar / Zu guter Letzt und unverwehrt / den ganzen Berg noch aufgezehrt.“ Heinrich Hoffmann hat hier eine Schlaraffenland-Phantasie geschaffen, die einem bis heute das Wasser im Mund zusammenlaufen lässt.

Eindringlicher noch ist ein Bild aus Hoffmanns Kindermärchen „König Nußknacker und der arme Reinhold“. Das Buch erschien im Jahr 1851, also der Zeit unmittelbar nach der Deutschen Revolution von 1848. Militär bestimmte damals das Bild der Stadt, Kanonen sicherten die Stadttore. Just zu dieser Zeit zeichnete Hoffmann einen schneeweiß gekleideten Kanonier, der, den Kochlöffel in der Hand, das folgende Lied anstimmt: „Kinder nehmet euch in Acht, / Wenn hier die Kanone kracht! / In den Mund und in den Magen / Werden euch die Kugeln schlagen. / Sonst zwar bin ich Zuckerkoch; / Heute kanonier ich noch. / Aufgepaßt! Jetzt geb' ich Feuer! / Doch die Kugeln, die sind euer!" Der Kinder Angst sei „gar zu groß", heißt es im Text. Doch schon auf dem nächsten Bild schafft Hoffmann Erlösung: Mit einem gewaltigen „Brumbum" lässt er die Kanone losdonnern, doch statt mit Kugeln bombardiert er die Kinder mit Süßigkeiten. „Da flogen Nüsse und Rosinen, / Und Brezeln, Mandeln, Apfelsinen, / Und süße Dinge allerhand. / Ein Regen war's von Zuckerkand!" Am liebsten würden die Kinder gleich noch einmal erschossen – so endet dieses Süßigkeiten-Bombardement, mit dem Heinrich Hoffmann vielleicht den Kindern auch ein wenig vom Schrecken des Krieges nehmen wollte.

Das Mammut, aus: Heinrich Hoffmann, Frau Sonne

„Nun sind wir müd', nun sind wir heiß!
Jetzt essen wir Vanillen-Eis
Und Riesen-Urwelts-Biskuit,
Die bracht' ich aus der Eiszeit mit!"

Warum aber dieser starke Akzent aufs Essen im Werk von Heinrich Hoffmann? Das verrät vielleicht am ehesten ein schmales Bändchen, das erst in jüngster Zeit erschienen ist. Ein Kochbuch, das der Arzt und Kinderbuchautor seiner Tochter Caroline zum 17. Geburtstag zugeeignet hat. Der Vater vermacht der Tochter seine Lieblingsrezepte. Seine Ururenkelin, Monika Hessenberg, fand die alte Kladde in ihrem Bücherregal und brachte sie 1998 unter dem Titel „Koch-Rezepte für Lina" in der Insel-Bücherei heraus.

Was schon dem flüchtigen Betrachter sofort auffällt: Heinrich Hoffmann hat die kindliche Vorliebe fürs Süße geteilt. Bei dem weitaus größten Teil seiner Leibgerichte handelt es sich um Süßspeisen, Kleingebäck und Kuchen. Da gibt es so klangvolle Rezepte wie „Arrakspeise mit Königseiern", „Hundertjähriger Kuchen" oder „Zuckergebackenes à la süße Jungfern". Und manche Naschereien sind namentlich denjenigen gewidmet, deren Spezialität es wohl war, so wie „Elisabeths Kuchelhöpfchen". Bei all den süßen Leckerbissen wird auch mit Fett und Eiern nicht gespart – auf eine diätbetonte Küche hatte der Arzt selbst offenbar wenig Appetit. Die Ururenkelin ist nach der Beschäftigung mit dem Kochbuch jedenfalls fest überzeugt: „Heinrich Hoffmann war ein echter Genussmensch!"

Ja, die Erbsen, meine Herren! Woyzeck als Experimental-Phänomen

Barbara M. Henke

„Es gibt eine Revolution in der Wissenschaft, eine Revolution!" Der Doktor betreibt sein Metier mit Leidenschaft, er hat sich ernährungsphysiologischen Experimenten verschrieben. Der Doktor gehört zu den fortschrittlichen Geistern der medizinischen Forschung seiner Zeit; Wissenschaftler seines Schlages lehren an renommierten Institutionen wie der Akademie in Paris, publizieren ihre Erkenntnisse in eigenen Journalen und können so zu Ruhm gelangen.

Der Doktor würde am liebsten alle Menschen in seiner Umgebung zu Versuchskaninchen machen, sehr gern besonders den Hauptmann, der ihn immer so frech zu provozieren versucht. Den Woyzeck mag der Kerl ja kujonieren, er aber, der Doktor, weiß ihm schon Respekt beizubringen. Kaum hat der Hauptmann ihn auf der Straße entdeckt, erzwingt er auch schon ein Gespräch, tut so, als wolle er medizinischen Rat. Also gibt's ihm der Doktor, diagnostiziert eine „apoplektische Konstitution", hält eine „Apoplexia cerebri" für möglich, versichert dem Hauptmann, er sei ein interessanter Fall: „und wenn Gott will, daß Ihre Zunge zum Teil gelähmt wird, so machen wir die unsterblichsten Experimente." – Eine rein rhetorische Drohgebärde, gewiss, doch nicht ganz ohne Wirkung, außerdem ein vollkommen ehrlich gemeinter Wunsch.

Tatsächlich hat der Doktor nur einen Probanden, den Füsilier Woyzeck; der ist ein armer Schlucker und für ein Taschengeld zu einigem bereit. Sie haben ein Abkommen miteinander: „drei Groschen täglich und Kost" bekommt der Proband, dafür hat er regelmäßig beim Doktor zu erscheinen, dann heißt es: „Zeig Er seinen Puls! Ich muß Ihm morgens und abends den Puls fühlen." Zur Vereinbarung gehört, dass Woyzeck seinen Urin dem Doktor übergibt, was er nicht immer tut! Der Doktor hat's gesehen: „Er hat auf die Straße gepißt, an die Wand gepißt, wie ein Hund!" Hat sein Wort gebrochen, womöglich zum wiederholten Male, das Experiment läuft ja schon drei Monate, wie oft mag Woyzeck wohl einfach irgendwo sein Wasser abgeschlagen haben, ohne dass der Doktor zur Analyse schreiten konnte! Die Werte wollen gemessen sein, Harnstoff, salzsaures Ammonium, Hyperoxydul – wie soll der Doktor sonst eine Revolution in der Wissenschaft auslösen? Aber „Ärger ist ungesund", Kaltblütigkeit ist angesagt, „wer wird sich über einen Menschen ärgern", der Puls des Doktors hat „seine gewöhnliche 60". Woyzecks dagegen: „klein, hart, hüpfend, unregelmäßig" – Phänomen!

Drei Groschen täglich – dafür spielt Woyzeck mit, lässt sich auch den Studenten vorführen, die ihn betrachten und betasten sollen, geradeso wie bei anderen Versuchen eine Katze. Dafür folgt er sogar – widerstrebend mit „Ach Herr Doktor!" – der Anweisung, mit den Ohren zu wackeln. „So meine Herren, das sind so Übergänge zum Esel, häufig auch in Folge weiblicher Erziehung..."

Wichtiger als solche Demonstrationen freilich ist dem Doktor die Kost, die Woyzeck täglich erhält, die Kost steht im Mittelpunkt des Experiments. Erbsen bekommt Woyzeck, „nichts als Erbsen, cruciferae, merk Er sich's!" Seit nunmehr drei Monaten nichts als Erbsen, zu Suppen oder Brei gekocht. Das ist nicht allzu viel verlangt, Hülsenfrüchte sind ohnehin Hauptbestandteil der Mahlzeiten für einfache Leute, natürlich mit der Schale und ohne Fleisch- oder Wursteinlage. Ein wenig Abwechslung kennt die Arme-Leute-Küche schon: es gibt schließlich Kartoffeln, es gibt Getreide wie Buchweizen und Hafer oder Gemüse wie Möhren, Kohl und Steckrüben. Der Doktor aber will wissen, welche Folgen es hat, wenn einer sich konsequent einseitig ernährt, ausschließlich von Erbsen im laufenden Versuch, „die nächste Woche fangen wir dann mit Hammelfleisch an", verkündet er dem Probanden.

Der Doktor ist auf der Höhe der Zeit, mit naturphilosophischem Denken allein kommt die moderne Medizin nicht weiter, er übt sich im kausal-analytischen! Experimente müssen gemacht, Ursachen und Folgen genau beobachtet, gewogen und gemessen werden. Die Herren Kollegen in Paris sind auch schon auf die

Erbse gekommen, das „Journal für praktische Chemie" berichtet davon. Wer, wenn nicht der forschende Arzt, soll Mittel und Wege finden, die Massen zu ernähren? Vor allem in Zeiten häufiger Missernten und großer Armut! In Frankreich also hat ein gewisser Jean-Sébastien-Eugene Julia de Fontenelle untersucht, ob Gallerte, später Gelatine genannt, als Hauptkost genossen, womöglich besser sei als die vielen Erbsen. Glücklicher Fontenelle: er konnte ganze Versuchsreihen durchführen, an Männern wie Frauen – und am Ende seine Frage mit Ja! beantworten.

In solcher Gesellschaft wähnt sich der Doktor, die Studenten sollen ruhig staunen: „Meine Herren, sehn Sie, der Mensch, seit einem Vierteljahr ißt er nichts als Erbsen, beachten Sie die Wirkung, fühlen Sie einmal was ein ungleicher Puls, da und die Augen." Auch die Haare des Probanden zeigen sich verändert, das freut den Doktor: „Sie sind dir ja ganz dünn geworden, seit ein paar Tagen, ja die Erbsen, meine Herren." Mit einer Katze lassen sich solch interessante Experimente nicht machen, „das Tier hat keinen wissenschaftlichen Instinkt", läuft einfach fort, wenn man in seinem Fell nach Läusen pult. Woyzeck dagegen weiß den Doktor immer wieder zu entzücken, sagt Sätze wie „Herr Doktor ich hab's Zittern" und „Herr Doktor es wird mir dunkel"; er behauptet, die Erde sei höllenheiß, ihm aber ganz kalt; er schwärmt von den Figuren, die der Schimmelpilz auf den Boden zeichnet: „Wer das lesen könnte"; ja dieses Subjekt fragt den Doktor gar, ob er „schon was von der doppelten Natur" gesehen habe: „Wenn die Sonn in Mittag steht und es ist als ging die Welt in Feuer auf hat schon eine fürchterliche Stimme zu mir geredt!"

In solchen Momenten ist der vorenthaltene Urin vergessen, so etwas macht den Doktor glücklich: „Er hat die schönste aberratio mentalis partialis, die zweite Species, sehr schön ausgeprägt. Woyzeck Er kriegt Zulage." Es gilt freilich sicherzustellen, dass der Proband die Bedingungen des Experiments erfüllt, sich an ihr beiderseitiges Abkommen hält: „Er tut noch alles wie sonst? / Ja, wohl. / Ißt sei Erbse? / Immer ordentlich Herr Doktor. / Tut sei Dienst? / Ja wohl. / Er ist ein interessanter casus. Subjekt Woyzeck Er kriegt Zulag."

Der Doktor glaubt sich seinem Ziel, Revolution in der medizinischen Wissenschaft zu machen, sehr nahe. Sind es nicht „die unsterblichsten Experimente", die er gerade mit diesem Woyzeck durchführt? Nichts als Erbsen, und neben so bemerkenswerten physiologischen Wirkungen auf Pulsfrequenz, Harn und Haare lassen sich selbst Reaktionen des Geistes beobachten, der ganze Mensch kommt dem Doktor – allein durch die Erbsen-Diät – gewissermaßen aus dem „centrum gravitationis" gerückt vor: „Gesichtsmuskeln starr, gespannt, zuweilen hüpfend, Haltung aufgerichtet, gespannt... Phänomen, Woyzeck, Zulage." Dann, wie niederschmetternd, das Ende: aus dem Probanden ist ein Mörder geworden, ein Fall für Juristen und Gutachter. Nichts ist mehr wie sonst, des Doktors Arbeit an der Revolution bricht ab und – Ach Büchner! – der interessante casus bleibt Fragment...

Muttermilch-Surrogat-Extrakt
Mama Milupa und die Säuglinge

Leonie Berger

Muttermilch gilt als das Beste für die Ernährung eines Säuglings. Sie sorgt nicht nur für eine gute Entwicklung des Neugeborenen, sondern schützt es auch vor Allergien und Infektionen. Warum das so ist, untersuchen Forscher in Friedrichsdorf im Taunus seit vierzig Jahren. Sie haben den Eiweißgehalt der Säuglingsnahrung angepasst und haben langkettige, ungesättigte Fettsäuren entdeckt. Doch der Weg ist weit um herauszufinden, wie ein Pulver beschaffen sein muss, damit es – mit Wasser zubereitet – diesem sehr individuellen Produkt Muttermilch am ähnlichsten wird. Mit Milchzucker, Vitaminen und Spurenelementen allein ist es nicht getan. Die Beschaffenheit der Muttermilch schwankt im Lauf der Zeit, über einen Tag und über Wochen hinweg. Sie passt sich den Bedürfnissen des Säuglings an und ist abhängig von der Ernährung der stillenden Mutter. Doch es gibt auch Stoffe, die einheitlich sind. Bei der Forschung geht es darum, sich einem sinnvollen Mittelwert immer weiter anzunähern. Deswegen jagen die Forscher kleinste Mengen Muttermilch durch große Geräte mit dikken Rohren und zerschießen sie mit Laserstrahlen. Die neueste Entdeckung sind die so genannten Prebiotika. Stoffe, die gesunde Keime in der Darmflora des Säuglings ernähren und damit helfen, Infektionen und Allergien zu vermeiden. Bernd Stahl, wissenschaftlicher Leiter der Milupa-Forschung, erklärt das so: „Die Kinder haben nach der Geburt eine Darmflora, die durch die Mutter übertragen wird beim natürlichen Geburtsvorgang. Diese Darmflora ist wie ein gerade entstehendes, komplexes Ökosystem, das den richtigen Dünger braucht, um befördert zu werden. Das heißt, wir brauchen diese Vielfalt der natürlichen Darmflora der Kinder mit sehr viel guten Keimen und möglichst wenig oder sogar gar keinen schlechten Keimen."

Über Keime oder gar Prebiotics machte sich der Zwieback-Fabrikant Emil Pauly noch keine Gedanken. Er würfelte 1921 aus den Buchstaben seines Namens Mi-lu-pa zusammen und verarbeitete eine Idee, die er von seinen Mitarbeiterinnen hatte. Die nahmen Zwiebackbruch mit nach Hause, um ihn in Milch aufgelöst ihren Kindern zu geben. Aus den Zwieback-Krümeln wurde ein technisch hochkompliziert hergestelltes Milchpulver, aus Milupa einer der führenden Babynahrungshersteller in Deutschland mit rund 130 Produkten im Angebot.

Doch das Geschäft mit den jüngsten Verbrauchern der Republik ist sensibel. Das bekam Milupa schon mehrfach zu spüren: Mitte der 70er Jahre breitete sich Karies an den allerersten Zähnchen epidemieartig aus. Dafür gab es zwei Ursachen: Der Kindertee von namhaften Firmen wie Milupa enthielt Unmengen Kristallzucker. Und: Die Kinder nuckelten selbst aus leichten Plastikfläschchen, die sie bequem halten konnten. Die Folge: Schon die ersten Zähne wurden so häufig von den süßen Getränken umspült, dass die im Speichel enthaltenen Mineralien diese Angriffe auf die Zähne nicht mehr ausgleichen konnten. Dass heute auf jeder Packung und jedem Fläschchen vor diesem „dauerhaften Kon-

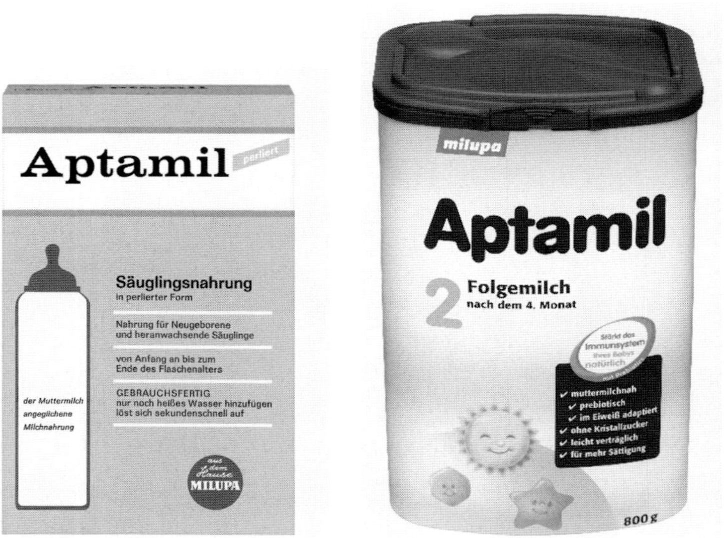

Milupa-Verpackungen 1968 und heute

sum“ von kohlehydrat- oder auch (frucht-) zuckerhaltigen Flüssigkeiten gewarnt wird, liegt an der Hartnäckigkeit des Frankfurter Rechtsanwalts Christoph Kremer. Er erkämpfte das „Milupa-Urteil“ beim Bundesgerichtshof von 1991. „Das Bemerkenswerte an diesen Prozessen war“, erzählt Christoph Kremer, „dass zum ersten Mal in nennenswertem Umfang Privatleute geklagt haben.“ Entscheidend für die Urteile war auch, dass die Sicherheitserwartung, die die Werbung für die Produkte suggerierte, nicht erfüllt wurde. Die Eltern glaubten, hier eine einfache Lösung gefunden zu haben, quengelnde Kinder zu beruhigen. Doch der Preis für diese Beruhigung war hoch, der Schock bei den Eltern groß und das Produkt damit fehlerhaft. Rechtsanwalt Kremer machten die hunderte von Prozessen zum Spezialisten für Produkthaftung. Tee-Erzeuger wie Milupa, Hipp oder Alete, aber auch der Fläschchen-Hersteller Mapa müssen nun vor den Risiken beim falschen Gebrauch ihrer Produkte warnen.

Ein guter, Vertrauen erweckender Name ist bei Babyprodukten Gold wert, wird aber durch Skandale auch schnell zerstört. Firmen wie Milupa müssen extrem vorsichtig sein. Der Babykost-Markt ist hart umkämpft. 1994 entdeckte „Öko-Test“ Rückstände von Pflanzenschutzmitteln in Obstgläschen. Neben Billiganbietern waren auch „Baby Apfel“ und „Pfirsich in Apfel“ von Milupa betroffen. Milupa war damals neu auf dem Gläschenkostmarkt und hatte viel zu verlieren. Zur Sicherheit zog der Konzern die Obstbreie zurück und kündigte an, künftig nur noch Rohstoffe aus biologischem Anbau zu verwenden. Heute hat Milupa keine Gläschenkost mehr im Angebot. Der Schwerpunkt der hessischen Firma liegt bei Säuglingsnahrung und Milchbrei.

Babynahrung unterliegt in Deutschland der Diät-Verordnung, die Grenzwerte sind erheblich niedriger als bei herkömmlichen Lebensmitteln. Die Kontrollmechanismen, ob die strengen Werte eingehalten werden, funktionieren. „Öko-Test“ hat sich zu einer bedeutenden Instanz entwickelt, die mit Erfolg auf die Macht der Verbraucher setzt. Mütter sind besonders kritisch und wollen nur das Beste für ihre lieben Kleinen. „Bio“ ist da heute selbstverständlich. Produkte mit schlechten Testergebnissen lassen sie einfach im Regal stehen. Die Industrie beugt sich dem öffentlichen Druck und geht auf Nummer sicher. 2007 nahm Milupa gleich eine ganze Charge Säuglingsnahrung zurück. Dabei war umgerechnet nur ein Keim in einer Packung, erklärt Stefan Stohl, Pressesprecher von Milupa: „Aber wir wollten wirklich auf der 100%ig sicheren Seite sein, und haben deshalb gesagt: Wir nehmen das Produkt vom Markt“. Bei vorschriftsmäßiger Zubereitung war das Produkt ungefährlich. Doch Milupa wollte sich lieber nicht darauf verlassen, dass den Müttern dabei keine Fehler passieren.

Die Natur nachahmen zu wollen ist kompliziert. Es braucht Heerscharen von Forschern, hochkomplexe Untersuchungen, streng kontrollierte Richtwerte, gut informierte Eltern und Erfindungen wie Fläschchenwasserabkühler. Es geht eben doch nichts über die Original-Muttermilch, immer verfügbar, immer zur richtigen Temperatur und mit einer einzigartigen Zusammensetzung. Das wird wohl auch die Forschung im Taunus nie schaffen.

Krake zum Frühstück
Die Nacht im Frankfurter Frischezentrum

Renate Müller

Mitternacht. Der normale Mensch liegt im Tiefschlaf. Stockdunkel ist es, als Rotbarsch, Seeteufel und Zahnbrasse auf ihren eisigen Betten die Schlagbäume passieren. Im Bauch der Transporter, die sich ihren Weg zur größten Speisekammer Hessens bahnen. Sie nehmen den Lieferanteneingang, „Dagiticilar", steht auf den Verkehrsschildern über den Toren, was Türkisch ist und soviel wie „Lieferanten" bedeutet, ein erster Hinweis, dass im Inneren des Frankfurter Frischezentrums Kalbach ein fruchtbares Nebeneinander von Kohlrabi und Schafskäse existiert.

Für die meisten der 120 Händler beginnt der Tag nachts. Importeure, Erzeuger aus der Region und Spezialitätenhändler bauen ihre Stände auf und füllen die Halle mit dem, was das heimische Gemüsebeet oder die Treibhäuser der Welt hergeben: Götterfrüchte, saftige Papayas, Weißkohl, so durchscheinend wie Eisbälle, ein grünes Meer aus Petersilie, Kartoffelberge, kühler Blaufisch aus dem Mittelmeer. 500.000 Tonnen Frischwaren werden hier pro Jahr umgeschlagen, Nacht für Nacht durch die Hauptschlagader gepumpt und landen irgendwann auf den Tellern von fünf Millionen Verbrauchern. Dafür sorgen ein paar tausend Käufer, die sich, während woanders lustvoll geschnarcht wird, von der Orgie aus Farben und Aromen inspirieren lassen.

Es ist kühl in Halle A, einem nüchternen Zweckbau, in den man, wären wir auf dem Münchner Oktoberfest, getrost 60.000 Leute hineinstopfen könnte. Mehr als acht Grad hätte es allemal. Die rosigen Gesichter der Händler wirken wie zusätzliche Farbtupfer in der üppigen Auslage. Vor vier Jahren sind sie aus der altehrwürdigen Großmarkthalle nach Kalbach in Frankfurts Speckgürtel gezogen.

Einer, der seit 50 Jahren zwischen den Styroporkisten steht, ist Giorgio. Ein kleiner, knorriger Mann, der mit strengem Blick die angelieferten Meeresschätze begutachtet. „Ich hab' die Schuppen schon in meiner Haut", behauptet er, misstrauisch auf seine Arme schielend. Behutsam lüftet er die Styropordeckel. Wilder Karpfen aus Italien schaut einem glubschäugig entgegen, die Kiste um die 40 Euro, rötlich schimmernder Knurrhahn, Makrelen oder stachliger Seeteufel. Daneben Dorade, Wolfsbarsch und blass-violette Kraken, deren muskulöse Arme sich schlapp auf dem Eis kringeln. Ein Anblick, bei dem sich kurz der Magen zusammenkrampft. „Die Krake eine Stunde kochen", befiehlt der Italiener sichtlich amüsiert, „dann muss man nicht so viel kauen. Wir mögens ja lieber al dente". Es gibt kaum einen Meeresbewohner, den er nicht kennt. „Früher war Paris der Umschlagplatz, heute ist es Frankfurt", sagt er stolz.

Nachts um drei, der Normalbürger hat jetzt alle Funktionen seines Körpers auf „Standby" geschaltet, rücken Köche, Gastronomen, Wochenmarkthändler aus 200 Kilometer Entfernung zu „KingFish 'Salih" ins Kühlhaus an, fachsimpeln und lassen sich von Giorgio überzeugen, auch mal was Exotisches zu wagen – Fisch aus dem Senegal zum Beispiel. Der Mann ist Überzeugungstäter.

Nachts im Frankfurter Frischezentrum

Allmählich macht sich die Stille der Nacht davon. Die Erdbeeren vibrieren vom Verkehrslärm, der schnell anschwellend die ganze Halle erfüllt. Altertümliche Transportwägelchen rumpeln durch die Gänge, turmhoch beladen mit Gemüsekisten, gesteuert von Männern, die wie Schiffskapitäne auf der Brücke stehen. Es wird gehupt, „Achtung, Achtung" geschrien und wer wie ein Urlauber gemütlich herumschlendert, macht besser einen beherzten Satz in die Salatkisten. Die Entdeckung der Langsamkeit auf der anderen Seite: Händler, die mit Klappfahrrädern durch die Gänge gondeln.

Das Geschäft mit der Frische ist hauptsächlich Männersache. Ein bisschen wie früher, samstags, am Autowaschplatz, wenn die Männer ihre besten Stücke zur Schau stellten. Putzmunter wird geplaudert, gefeilscht, geguckt, was der Nachbar hat und schließlich geordert. Einer davon ist Apostolos Kadzanos. Mit einem „Coffee to go" in der Hand kreuzt er durch die prallen Auslagen, schnuppert, tippt hierhin, tastet dort. Papayas aus Hawaii, Mangos aus Indien. Preisschilder sucht man überall vergebens. Aber das Beste muss her für seinen Kronberger Gemüseladen. Harry Welter vom Gemüsehändler Stapf, den alle nur Harry nennen, springt herbei, ein schlitzohriger Typ, der weiß, dass sich die besten Geschäfte mit einem Plausch anbahnen lassen. „Und dann schwätzt und schwätzt und schwätzt man, guckt auf die Uhr und es ist höchste Eisenbahn", grinst Apostolos. Furioses Tempo morgens um fünf, wenn man bedenkt, dass in hessischen Betten gerade zum dritten Mal die REM-Phase eingeläutet wird.

Bei Harry gibt es auch „Second-Class", Ware mit kleinen Fehlern, die sich sonst nur schwer verkaufen lässt und die ihm „buchstäblich aus den Händen gerissen wird", wie er sagt. Hauptsächlich von türkischer, chinesischer und pakistanischer Kundschaft. Kleiner Preis, schneller Umschlag. „Die Ware wird sofort verhämmert", erzählt er. Harry liebt den Markt, das ganze Drum und Dran, weil es „jeden Tag was Neues gibt". Voller Einsatz „und dann guckt man so hinter sich und denkt, oh, schade schon wieder vorbei, der Tag!" Man muss wohl dafür geboren sein.

Reinhold Scondo ist so einer. Ein richtiges Urgestein, wie er da steht, seit 37 Jahren, frisch wie sein herrlich saftiger Kopfsalat. „Bei acht Grad, da bleibt sogar der Kunde knackig", witzelt er. Dick eingepackt in seinen Wollpullover verkauft er, was in der eigenen Gärtnerei wächst: Spargel, Broccoli, Kräuter für die legendäre Frankfurter Grüne Soße – je nach Jahreszeit. Begeistert ist er immer noch, auch wenn das Geschäft nicht einfacher geworden ist. „Die Konkurrenz durch die Discounter, sie wissen schon...", meint er. Keine Frage, es ist ein Knochenjob.

Gegen acht Uhr haucht der Markt aus, draußen holt die Stadt den ersten tiefen Atemzug. Die Händler machen die Schotten dicht, packen ihre Klappfahrräder in die Ecke. Das Frankfurter Frischezentrum beginnt zu welken. Aber nur, um in der nächsten Nacht wieder zu erblühen.

Tafeln

Parforcegejagt
Matthias Claudius und der Hirsch

Ruth Fühner

Durchlauchtiger Fürst,

Gnädigster Fürst und Herr!

Ich habe heute die Gnade gehabt, von Ew. Hochfürstlichen Durchlaucht parforcegejagt zu werden, bitte aber untertänigst, daß Sie gnädigst geruhen, mich künftig damit zu verschonen. Ew. Hochfürstl. Durchl. sollten nur einmal parforcegejagt sein, so würden Sie meine Bitte nicht unbillig finden. Ich liege hier und mag meinen Kopf nicht aufheben, und das Blut läuft mir aus Maul und Nüstern. Wie können Ihre Durchlaucht es doch über's Herz bringen, ein armes unschuldiges Tier, das sich von Gras und Kräutern nährt, zu Tode zu jagen? Lassen Sie mich lieber totschießen, so bin ich kurz und gut davon. Noch einmal, es kann sein, daß Ew. Durchlaucht ein Vergnügen an dem Parforcejagen haben; wenn Sie aber wüßten, wie mir noch das Herz schlägt, Sie tätens gewiß nicht wieder, der ich die Ehre habe zu sein mit Gut und Blut bis in den Tod etc. etc.

Der Hirsch, der hier – wie in der Oper die Todgeweihten ihre letzte Arie – seine Klage anstimmt, schreit sie an gegen das Gebell der Hunde. Bis zur Erschöpfung haben sie ihn gehetzt. Schon haben die Jäger *à vue* geblasen, gleich werden sie ihm die Hinterläufe durchschneiden, damit der fürstliche Jagdherr ihn mit dem Hirschfänger vom Leben zum Tode befördern kann.

Dann wird die Beute zerteilt. Den rechten Vorderlauf erhält der Jagdherr, die übrigen die bevorzugten Jagdgäste. Was nicht an die fürstliche Tafel geht, wird mit der Haut des Hirsches bedeckt, der Kopf mit dem Geweih daran gelehnt, dann endlich darf die Hundemeute ihren Hunger stillen.

Man kann auch einfacher zu seiner Wildpastete kommen. Die Parforcejagd ist ein barocker Fürstensport, überhöht durch ein repräsentatives Ritual. Heute nennt man das Tierquälerei.

Matthias Claudius dachte ähnlich. Zu seiner Zeit entdeckt die europäische Intelligenz gerade ihren Hang zur Natur. Claudius liebäugelt mit dem Gedanken, nach Tahiti auszuwandern – weg von den gesellschaftlichen Regeln und gepuderten Perücken des Absolutismus.

Aus schlichten bürgerlichen Verhältnissen hat es ihn, nach Einstellung seiner Zeitschrift, des „Wandsbeker Boten", 1776 an den Hof von Darmstadt verschlagen. Dort versucht er als Redakteur der „Hessen-Darmstädtischen privilegirten Land-Zeitung", Aufklärung über Stallfütterung und Kartoffelanbau mit moralischen Botschaften und Sozialkritik zu verbinden. „Claudius glaubte bei der neu angestellten Landkommission viel Gutes stiften zu können. Er, dessen Herz aufwallte, wenn er einen Bauern und einen grünen Baum erblickte, bekam dafür nichts als ein Büro von Tabellenschmieden, Projekt zu neuen, windigen, unpraktischen Verordnungen," schreibt Johann Heinrich Merck.

Denkmal für einen Hirschen im Jagdschloss Kranichstein

Es sei dahingestellt, ob Claudius, der in Darmstadt an einer Rippenfellentzündung erkrankt, sich mit seinem waidwunden Hirsch identifiziert. Auf jeden Fall wird er in Kranichstein die Bühne gesehen haben, die die jagdversessenen Landgrafen für ihr kostspieliges Hobby hergerichtet haben: die sternförmig in den Wald geschlagenen Schneisen, das elegante Jagdschloss für die Dinners danach.

Eine Parforcejagd allerdings hat Claudius wohl kaum miterlebt. Deren große Zeit war mit Ludwig VIII, dem „Jagdgrafen", 1768 gestorben; sein Sohn, Ludwig IX, hatte sich die Förderung von Landwirtschaft und Gewerbe aufs Panier geschrieben. Dazu bestellte er eben jene Landkommission, die Claudius das Leben so schwer machte. Aber Ludwig griff auch selbst ein. Schon lange hatten zwar nicht die Hirsche, wohl aber die Bauern über die Parforcejagd auf ihren Feldern geklagt. Mit Ludwigs Regierungsantritt wurde sie abgeschafft.

Der „Brief", den Matthias Claudius acht Jahre nach seinem hessischen Intermezzo veröffentlichte, ist also kaum kritisch gemeint – eher ein verstecktes Lob auf einen Landesherrn, der wenigstens an diesem Punkt mit feudalherrlicher Willkür und Rücksichtslosigkeit gebrochen hatte.

Schwäne und Biberschwänze
Gourmandise früher

Birgit Spielmann

„Der Magen wirt geleidigt und verheert von der Speiß die allzu kalt oder heyß/zu seer gesaltzen/ oder zu seer geessigt ist/un die beim feur prentzlecht ist worden/sonder sie sollen all ein maß haben."

Ein guter Ratschlag aus „Von Speisen, natürlichen vnd Kreuter Wein", dem ganz frühen kleinen Kochbuch, das 1531 bei Christian Egenolff in Frankfurt am Main gedruckt wurde. Es beruhte auf der bereits 1485 erschienenen „Küchenmeisterei". Die Kochbücher entstanden aus losen Blättern und mündlichen Überlieferungen. Sie blieben allerdings, trotz der Erfindung der Buchdruckkunst, vorerst eine Seltenheit. Denn der damalige Küchenmeister konnte weder lesen noch schreiben. Fertig- und Fähigkeiten erzählte man sich, ohne sie schriftlich festzuhalten.

Das alte Büchlein ziert ein Koch, der jedoch wenig Maß zu halten scheint. Ein kugelrunder praller Bauch sitzt auf dicken, kurzen Beinen. Sie legen den Schluss nahe, dass ihm die Fastenspeis' nicht wirklich zusagte. In dem Kochbuch, das der in Frankfurt ansässige Buchdrucker Egenolff noch öfter in überarbeiteten Fassungen herausbrachte, finden sich, den heutigen Kochbüchern schon ziemlich ähnlich, die verschiedensten Rezepte – geordnet nach Fisch, Fleisch oder Suppen, gelegentlich auch verknüpft mit der Hoffnung, das Gericht möge nicht nur einfach sättigen, sondern auch wohl tun. Manche Rezepte, wie den gebratenen Biberschwanz, wird man allerdings vergeblich auf heutigen Speisekarten suchen.

„Biberschwentz seind gut gebraten/ingber drauff/vnd warm fürgetragen. Wiltu es sieden/so ist gut ein pfefferlin darüber gemacht."

Natürlich dient die Weitergabe der verschiedenen Küchengeheimnisse der Verfeinerung der Küchenkunst für den Adel oder das wohlhabende Bürgertum. Das gemeine Volk ist froh, wenn es überhaupt satt wird. Der Adel raffiniert seine Essgewohnheiten hingegen immer mehr. Fleisch und Fisch aus den eigenen Ländereien spielen dabei eine große Rolle. Nicht nur Hirsche, Hasen, Rehe, Wildschweine, Ziegen, Gämsen und Steinböcke standen auf dem Speiseplan, sondern auch Bären und Dachse waren beliebt. Natürlich auch Geflügel. Insbesondere die auf der Tafel äußerst dekorativ angerichteten Pfaue und Schwäne. Waren sie erst einmal zubereitet, schmückte man sie wieder mit ihren Federn. Hätten sie auf dem Tisch plötzlich angefangen mit den Flügeln zu schlagen, wäre vermutlich kaum jemand ins Staunen geraten, so lebendig sahen sie aus.

„Pfau mit Trüffeln

Eine ordentliche Menge Trüffeln wird geputzt, in Stücke geschnitten und mit fein gehacktem Speck, zwei gehackten Gänselebern und feinen Kräutern in einer Kasserolle geschmort. Mit einem Teil dieser Farce wird ein junger Pfau gefüllt, zwei Tage lang kühl gehalten, gewürzt und dann gebraten. Den Rest der Füllung legt man in ausgehöhlte halbe Orangen und richtet diese um den auf einem Sockel aus Brot servierten Pfau."

Doch wie kommt man an derlei edles Getier? Wer damals in Kreisen des hohen Adels etwas auf sich hielt, besaß spätestens im 18. Jahrhundert eine Fasanerie oder Menagerie und eine Orangerie. Das Geflügel und Wild ließ sich so ohne großen Jagdaufwand erlegen, und einen geeigneten Rahmen zum sommerlichen Tafeln und Feiern schuf man sich gleich mit. Landgraf Karl errichtete in Kassel sogar ein Orangerieschloss.

Aus den Häusern, die ursprünglich zur Überwinterung jener mediterranen Pflanzen dienten, die mit der Übernahme italienischer Kunst und Kultur seit der Renaissance nach Mitteleuropa gekommen waren, wurden architektonisch immer aufwendigere Gebäude. So mutet die schlichte Orangerie im nordhessischen Altmorschen-Heydau, die 1695 errichtet wurde, geradezu bescheiden an, im Verhältnis zum Orangerieschloss in der Karlsaue in Kassel, obwohl sie beide von Johann Konrad Giesler erbaut wurden.

„Ob nun wohl die Pomerantzen und Citronen-Bäume die Vornehmsten sind/welche eine Orangerie ausmachen/zumahlen sol-

Gartenfassade der Orangerie von Klaoster Heydau

ches der Name der Sache selbst zu erkennen giebet/ auch diese Bäume wegen ihrer Schönheit/anmuthigen Früchte/ und stets dauernden flores leichtlich den Preis behalten; so sind sie es dennoch auch nicht ganz allein/ welche zu einer Orangerie pflegen gerechnet zu werden."

Ein Hinweis aus einem Gartenbuch von 1723 darauf, dass es auch noch ein paar andere orangerietaugliche Pflanzen als Zitronenbäume gibt. Während die Orangerien problemlos genutzt werden konnten, gab es mit den Fasanerien immer wieder Ärger. Nicht nur, dass sich Wölfe und Füchse über das für die Jagdgesellschaft bestimmte Wild hermachten, nein, auch die Wilderer erlegten dort das ein oder andere Tier. Besorgt um seinen Tierbestand in der Fasanerie Klein-Auheim (bei Hanau) ließ Kurfürst Lothar Franz von Schönborn 1728 verlautbaren, dass „diejenigen, die mit Schießerey, Schlingenfangen oder sonstigen Verheerungen Schaden anrichten, als förmlicher Dieb am Leib und nach Befinden gar am Leben gestraft werden".

Plumpe Völlerei war vielleicht noch an kleinen deutschen und somit auch an hessischen Höfen gebräuchlich, aber ansonsten speiste man nach französischem Vorbild in einer Abfolge von erlesenen Gängen unter Verwendung feinsten Porzellans und Bestecks. Das Kochen war eine Kunst geworden, die zunehmend auch in den besseren nichtadeligen Häusern gepflegt wurde. Die Kochaufzeichnungen der Juliana Elisabetha gehören zu den wenigen erhaltenen bürgerlichen Kochbüchern des 18. Jahrhunderts. Heutige Köche greifen wieder gerne darauf zurück, darunter auch der in Gießen geborene Meisterkoch Vincent Klink. Bei Juliana Elisabetha findet sich das Rezept eines Desserts, bei dem einem noch heute das Wasser im Mund zusammenläuft:

„Mandelkuchen zu machen

Schäle 1 Pfund Mandlen, stoße sie rein, mit 2 Loth Rosenwasser, dazu 3/4 Pfund reingestoßener Zucker, wohl unter die Mandeln vermischet, und hernach in einer Pfanne gedrocknet. Nimm von einer Citron die Schale klein geschnitten, ein Loth Zitronat auch klein geschnitten, nach belieben gestoßenen Zimmet, und ein Eyerklar. Dieses thue alles unter die getrockneten Mandlen. Mache es mit einem Kochlöfel wohl untereinander zu einem Teig, wurke ihn auf einem Brett oder Tisch, und mache einen fingers dicken Kuchen daraus. Diesen bestreiche mit Eyerdotter, und thue Streu Zucker, Mandlen und Citronat darauf. Hernach laß 1/2 Stunde in einer Tartenpfanne oder Backofen backen.“

Es sei der Nachahmung empfohlen. Aber auch hier sei beim Verzehr zur Mäßigung geraten. Damit es unsereinem nicht so geht wie dem armen Johann Wolfgang von Goethe. Bei dem sind, wenn er sich den Gaumenfreuden hingab, Leib und Seele mitunter aus dem Gleichgewicht geraten, wie er in „Dichtung und Wahrheit“ selbstmitleidig beklagt:

„Durch eine unglückliche Diät verdarb ich mir die Kräfte der Verdauung; das schwere Merseburger Bier verdüsterte mein Gehirn, der Kaffee, der mir eine ganz eigne triste Stimmung gab, besonders mit Milch nach Tische genossen, paralysierte meine Eingeweide und schien ihre Funktionen völlig aufzuheben, so dass ich deshalb große Beängstigungen empfand, ohne jedoch den Entschluß zu einer vernünftigeren Lebensart fassen zu können.“

Wein aus dem Schnabel des Adlers
Die Frankfurter Krönungsbankette

Eva Ludwig

Ein merkwürdiger Anblick bot sich dem jungen Goethe, der sich bei der Krönung Josephs II. mit einem Trick Zugang zum Bankett im Kaisersaal im Frankfurter Römer verschafft hatte. In den Händen ein silbernes Gefäß haltend, mischte sich der Bürgersohn unter die 44 zum Servieren des Krönungsmahls ausgewählten Reichsgrafen. Neben dem frisch gekrönten Kaiser und dessen Vater, König Franz I., nahmen nur noch die drei geistlichen Kurfürsten an dem Bankett teil. „Dagegen ließen die zwar prächtig aufgeputzten aber herrenleeren Büffette und Tische der sämtlichen weltlichen Kurfürsten an das Mißverhältnis denken, welches zwischen ihnen und dem Reichsoberhaupt durch Jahrhunderte allmählich entstanden war", hält Goethe später seine Eindrücke in „Dichtung und Wahrheit" fest. „Die Gesandten derselben hatten sich schon entfernt, um in einem Seitenzimmer zu speisen; und wenn dadurch der größte Teil des Saals ein gespensterhaftes Ansehn bekam, daß so viele unsichtbare Gäste auf das prächtigste bedient wurden, so war die große unbesetzte Tafel in der Mitte noch trüber anzusehen: denn hier standen auch so viele Kuverte leer, weil alle die, welche allenfalls ein Recht hatten, sich daran zu setzen, anstandshalber, um an dem größten Ehrentag ihrer Ehre nichts zu vergeben ausblieben, wenn sie sich auch dermalen in der Stadt befanden."

Bei den weltlichen Kurfürsten löste die Einladung zum kaiserlichen Krönungsbankett wenig Freude aus. Die Verrichtung der Erzämter, die Kapitel 27 der Goldenen Bulle ihnen abverlangte, brachte die hohen Herren in Bedrängnis. Sie mussten dem frisch gekrönten Kaiser vor den Augen des versammelten Volkes auf dem Römerberg aufwarten, indem sie einen silbernen Maßbecher Hafer, ein silbernes Handwaschbecken, Wasserkanne und Handtuch, ein Stück vom Krönungsochsen und einen silbernen Becher Wein für ihn holten. Das gefiel den Kurfürsten gar nicht, da diese

Tätigkeiten dem Rang eines einfachen Dienstboten entsprachen. Doch sie wussten sich zu helfen und bedienten sich eines übrigens ganz legalen Kniffs, um der befürchteten Demütigung zu entgehen. Sie ließen sich vertreten, delegierten ihr Erzamt als Erbamt an andere Grafengeschlechter oder beauftragten Wahlgesandte damit. Durch ihr Fernbleiben setzten sie ein Zeichen. Sie wollten nicht länger des Kaisers Diener sein.

Das Bankett im Frankfurter Römer, das der Kaiser bezahlte, fand zwischen 1562 und 1792 insgesamt zehn Mal statt und war fester Bestandteil der Krönungsfeierlichkeiten. Ausstattung, Tischordnung und Ablauf des Zeremoniells waren seit 1356 in der Goldenen Bulle festgelegt und wurden über 450 Jahre genau befolgt. Der Kaisersaal wurde am Krönungstag zur Bühne eines einzigartigen theatralischen Schauspiels, dessen Verlauf bis ins kleinste Detail überwacht und kontrolliert wurde. Die Sitzordnung und die Anordnung der Tische im Saal spiegelten die Rangverhältnisse innerhalb der Herrschaftspyramide. Der frisch gekrönte Kaiser thronte auf einem Podest, das alle anderen überragte. Die Tische der Erzbischöfe und Kurfürsten waren einige Stufen tiefer auf einer Bühne aufgebaut. In punkto Geselligkeit waren die separat an ihren Einzeltischen speisenden Kurfürsten wohl eher auf sich gestellt. Auch in kulinarischer Hinsicht wurden sie nicht gerade verwöhnt. Die Schauessen, das sagt schon der Name, waren in erster Linie fürs Auge bestimmt. Ganze Tierköpfe und Pasteten in Gestalt gefiederter Vögel wurden auf silbernen Schüsseln drapiert und dem erlauchten Kreis der höchsten Würdenträger des Reichs feierlich präsentiert. Bei jedem neuen Gang schritt der Reichserbmarschall mit seinem Zeremonienstab in Begleitung von kaiserlichen Herolden und Trabanten voran. Dazu ertönten die Pauken und Trompeten der kaiserlichen Hofkapelle. Die Reichsgrafen machten drei spanische Reverenzen und blieben kurz vor der kaiserlichen Tafel stehen, bevor sie die Schüsseln mit den Speisen absetzten. Das gleiche Ritual vollzogen sie vor dem Abtragen. Verzehrt wurden die Schaugerichte eher selten. Wie das gesamte Zeremoniell des Banketts, bei dem jede einzelne Handreichung genau sitzen musste, waren sie dazu bestimmt, Pracht und Pomp des Kaisertums so glanzvoll wie möglich zu entfalten. Der Kaiser tafelte übrigens öffentlich. Wer eine der begehrten Einlasskarten ergattern konnte, durfte am Ende des Saals dicht gedrängt stehen und zuschauen.

Während drinnen der Kaiser und die Fürsten nur aufs Essen schauen durften, kam draußen das Volk auf seine Kosten. Auf dem Römerberg hatte man eine Bretterbude errichtet, die so genannte Ochsenküche. Darin brieten die Metzger über mehrere Tage einen Ochsen, dem man zuvor die Hörner und die Klauen vergoldet hatte. Nachdem der Erztruchsess oder der Erbtruchsess dem Kaiser zu Pferd das erste Stück vom Ochsen aus der Ochsenküche geholt und auf einer silbernen Schüssel aufgetragen hatte, wurde das gebratene Tier dem Volk überlassen. Man stürzte sich darauf. Wer ein Stück Fleisch erbeuten konnte, kam meistens nicht dazu es zu essen, denn sofort wurde es ihm vom Nächststehenden entrissen. Ein kursächsischer Feldscher berichtet: „Von den Ochßen hatten sie das Fleisch bis auf die Knochen herunter-

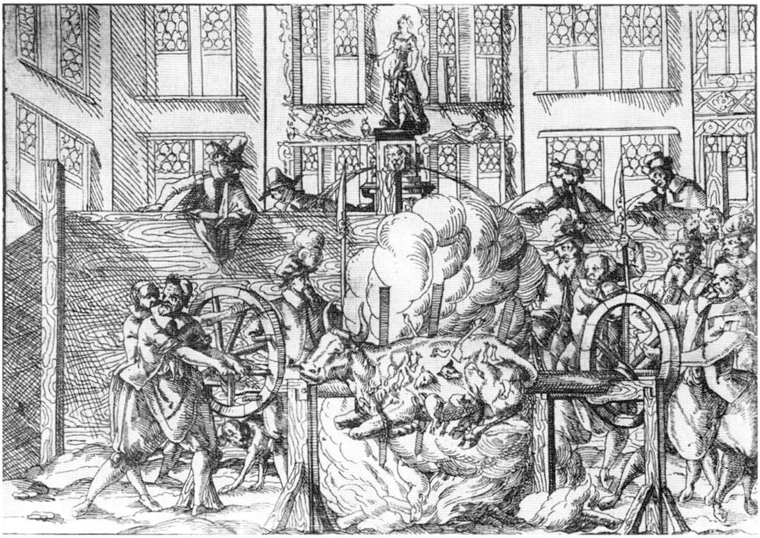

Ochsenküche vor dem Gerechtigkeitsbrunnen zur Krönung Kaiser Maximilians II. 1562

geschnitten. Es wurde nicht lange, so setzte sich ein Fleischerknecht auf das Gerippe, und die andern Fleischerpursche trugen den geweßenen Ochßen mitsamt den Bratspieße zu sich in ihr Quartiere.“ Die Zünfte, die am Transport und an der Zubereitung des Ochsen sowie am Bau der Ochsenküche beteiligt waren, stritten sich um das Anrecht auf die begehrte Trophäe. 1742 ergatterte die Metzgerszunft den Ochsen, 1790 erkämpften ihn sich die Weinschröter. 1792 fiel er auf Anordnung des Senats den Bendern zu. Der Ochsenkopf von 1742 ist bis heute in der Sammlung des Historischen Museums in Frankfurt erhalten.

Hart gekämpft wurde auch am Gerechtigkeitsbrunnen, aus dem am Krönungstag auf Kosten des Kaisers aus dem Schnabel eines zweiköpfigen Adlers roter und weißer Wein für das Volk strömte. Man kam und hielt Krüge und Flaschen, Hände und Hüte unter die Hähne, meist jedoch vergeblich, denn in dem Gerangel und Gedränge wurde der Wein größtenteils verschüttet. Um nicht leer auszugehen, versuchte man, ein Stück vom Brunnen als Trophäe zu erbeuten. 1612 wurden sogar die Bleirohre, die den Wein unterirdisch in den Brunnen leiteten, unter dem Pflaster hervorgewühlt. 1619 wurden bei der Schlacht um den Brunnen „der Adler, Löwen und aller Zierad, sampt den Felsen zerrissen und hinweggetragen“, erinnert sich ein Beobachter. Bei den nachfolgenden Krönungen wurde eigens ein Weinbrunnen errichtet, um den Gerechtigkeitsbrunnen vor den heftigen Angriffen zu schützen.

Am Mahl des Krönungsochsen waren Herrscher und Untertanen gemeinsam beteiligt, wenn auch an verschiedenen Orten und in unterschiedlicher Manier. Während der Kaiser drinnen am ersten Stück vom Ochsen schnuppern durfte, fiel draußen das Volk über dessen Fleisch und Knochen her. Die Würste, die die Frankfurter sich bis heute schmecken lassen, gehen ebenfalls auf das Krönungsgeschehen zurück. Mit ihnen wurde der Bauch des Ochsen gefüllt.

Nahziel Kartoffelpuffer
Christine Brückner in der Marburger Mensa

Ruth Fühner

Es soll ja Leute geben, die prahlen mit ihren dreizehneinhalb Leben. Christine Brückner hatte solche Angeberei nicht nötig. Ihr genügten die dreizehn Berufe, die sie im Lauf eines einzigen Lebens ausübte. Schriftstellerin war nur einer davon, wenn auch der, mit dem sich am besten hätte angeben lassen. Was die anderen, eher unspektakulären angeht – da gibt es eine auffällige, zweifellos zeitbedingte Häufung, nämlich in der unmittelbaren Nachkriegszeit.

Momentaufnahme aus dem Jahr 1946. Christine Brückner – noch heißt sie Christine Emde – ist gleichzeitig Mathematiklehrerin (ungelernt, daher ihren Schülern immer nur wenige Seiten im Lehrbuch voraus), Hausschneiderin (Spezialität: die Verwandlung kriegsbedingter Soldatenröcke in friedliche Kindermäntel) und Bibliothekarin (frisch diplomiert in Stuttgart). Mit Beginn des Wintersemesters steuert sie einen weiteren Beruf an: sie immatrikuliert sich an der Marburger Universität. In Volkswirtschaft.

Das Studium soll bald ungeahnte praktische Formen annehmen. Bei einer Party fällt die junge Frau – ob wegen ihrer Kochkünste oder wegen ihrer Tanzeinlagen, bleibt ewig ungeklärt – ihrem Professor auf. Der ist zufällig zugleich Chef des Studentenwerks. Und es dauert nicht lange, da avanciert das Fräulein Emde, 24 Jahre alt, zur Leiterin der Mensa Academica, Reitgasse elf.

Nach unserer Zählung wäre das jetzt Beruf Nummer 6; in Wirklichkeit aber handelt es sich um einen Rückgriff auf Beruf Nummer 1. Erfahrungen mit Massenverpflegung hat Christine Emde nämlich schon. Während des Krieges war sie in einem Hotel dienstverpflichtet und hatte Schüler auf Kinderlandverschickung zu bekochen. Sie weiß also, wieviel Nudeln 200 Kinder brauchen, um satt zu werden, und wieviel Butter nötig ist, um 200 Brotscheiben dünn zu bestreichen.

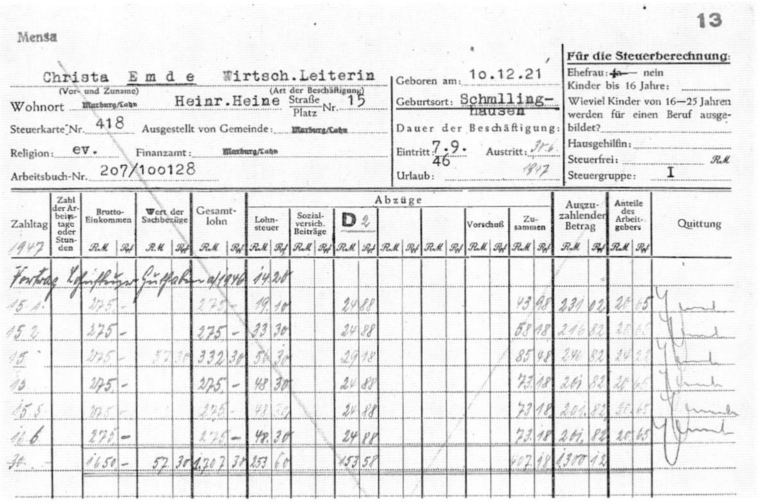

Mensa 13

Christa Emde (Vor- und Zuname) Wirtsch.Leiterin (Art der Beschäftigung)
Wohnort Marburg/Lahn Heinr.Heine Straße/Platz Nr. 15
Steuerkarte Nr. 418 Ausgestellt von Gemeinde: Marburg/Lahn
Religion: ev. Finanzamt: Marburg/Lahn
Arbeitsbuch-Nr. 207/100128

Geboren am: 10.12.21
Geburtsort: Schmllinghausen
Dauer der Beschäftigung:
Eintritt: 7.9.46 Austritt: 30.6.
Urlaub: 1947

Für die Steuerberechnung:
Ehefrau: ja – nein
Kinder bis 16 Jahre:
Wieviel Kinder von 16–25 Jahren werden für einen Beruf ausgebildet?
Hausgehilfin:
Steuerfrei: RM
Steuergruppe: I

Zahltag 1947	Zahl der Arbeitstage oder Stunden	Brutto-Einkommen RM Rpf	Wert der Sachbezüge RM Rpf	Gesamtlohn RM Rpf	Abzüge: Lohnsteuer RM Rpf	Sozialversich. Beiträge RM Rpf	D 2 RM Rpf	RM Rpf	RM Rpf	Vorschuß RM Rpf	Zusammen RM Rpf	Auszuzahlender Betrag RM Rpf	Anteile des Arbeitgebers RM Rpf	Quittung
Vortrag [illegible] a/1946					14 20									
15.1.		275 –		275 –	19 10		24 88				43 98	231 02	20 65	[illegible]
15.2		275 –		275 –	33 30		24 88				58 18	216 82	20 65	[illegible]
15.		275 –	57 30	332 30	56 30		29 18				85 48	246 82	24 [illegible]	[illegible]
15.		275 –		275 –	48 30		24 88				73 18	201 82	20 65	[illegible]
15.5		275 –		275 –	48 30		24 88				73 18	201 82	20 65	[illegible]
15.6		275 –		275 –	48 30		24 88				73 18	201 82	20 65	[illegible]
30.		1650 –	57 30	1707 30	253 60		153 58				407 18	1300 12		

Gehaltszettel der Mensachefin Christine Emde (Brückner) 1947

Von Butter allerdings kann die frisch gebackene Mensachefin nur träumen. Auch davon, dass ihre oft vom Kriegseinsatz gezeichneten Studenten satt nach Hause gehen...

Im Winter 1946/47 wird die Versorgungslage in Deutschland erst so richtig katastrophal. 1945 lag der durchschnittliche Verbrauch noch bei zwei Dritteln der vom Völkerbund empfohlenen 3000 Kalorien am Tag. Jetzt sinkt er auf die Hälfte. Lebensmittel sind rationiert, Erfindergeist ist gefragt. Und eine gewisse Senkung der Ansprüche. Warum also nicht Pferdefleisch aus der Freibank servieren, wenn es davon auf Marken viermal so viel gibt wie Rind oder Schwein?

Die Leberwurst vom Pferdemetzger und die schreckliche getrocknete Rote Bete sind wenigstens markenfrei, aber für das (auch von Dieben hoch geschätzte) Molke-Eiweiß im Käsekuchen muss die Mensachefin in nächtlichen Marathonsitzungen Fettmarken à fünf Gramm ins Bezugsscheinheft kleben.

Ein Waggon voll reifer Tomaten im Sommer gerät zum Fest; studentische Freiwillige helfen beim Einkochen zu Pürree. Erfrorene Kartoffeln, im Handwagen übers Glatteis gezogen, erreichen den Mensatisch als Pellkartoffeln, Kartoffelklöße oder, höchstes der Gefühle, als Kartoffelpuffer mit Apfelmus.

Auch Abfälle aus der amerikanischen Offiziersmesse bereichern den Speiseplan der Marburger Studenten – dank der taktisch gepflegten Beziehungen des Fräulein Emde. Manchmal verteilt sie sogar Erdnussbutter oder die (auch als Zweitwährung begehrten) Chesterfield-Zigaretten. Die kommen in Care-Paketen an ihre Privatadresse – deutsche Institutionen, wie das Studentenwerk eine ist, scheiden als Empfänger aus. Danach ist dann in der Stadt zu hören, die Mensaleiterin unterschlage Spenden aus den USA.

Unterschlagen wird tatsächlich – allerdings ist der Schuldige einer der Mensabuchhalter, und Christine Brückner bringt ihn pflichtschuldig vor Gericht. Die Augen zudrücken – das geht allenfalls beim Klau von Kartoffelschalen. Oder bei einem Schlitzauge wie dem Ober Carl, der seine Schwarzmarktgeschäfte so diskret abwickelt, dass sich die Mensaleiterin guten Gewissens blind stellen darf.

Im Frühjahr nach dem Hungerwinter wechselt Christine Brückner von der angewandten Volkswirtschaft zur Kunstgeschichte. Ihrem Posten als Chefin von gut 70 Mitarbeitern trauert sie kaum nach. Dass er aber danach auf *zwei* männliche Bewerber verteilt wird – damit hat sie gern auch viel später noch ein bisschen angegeben.

Grauhaarige in Schnallenschuhen
Das Fest der 1000 Frauen

Ursula May

Ein lauschiger Abend im Juni 1986: merkwürdige Gestalten in interessanten Kostümen steuern auf das Portal der Frankfurter Alten Oper zu. Die Heldinnen sind aufgeregt, sind sie doch an diesem Abend nicht nur Besucherinnen sondern zugleich Hauptdarsteller. In perlenbesticktem Samt bewegt sich eine, die normalerweise Jeans trägt, noch etwas steif, eine Frau im Herrenanzug rückt den Zylinder zurecht, eine nackte Lady mit knielangem Haar klammert sich fröstelnd an ihren Pappgaul und eine Grauhaarige kommt in Schnallenschuhen daher. Was war da los? Ein Kostümfest für Frauen, eine feministische Kundgebung, ein alternativer Tanzabend? Ein bisschen von alledem war es wohl. Frauen von heute trafen sich im Gewand der Schwestern von gestern, in Kleidern, wie sie die Vorbilder von Sappho bis hin zu Anaïs Nin getragen haben könnten. Frauen eroberten die Alte Oper, für einen Tag. Und jede gab Auskunft über ihr Schicksal. Bekannte Namen mischten sich mit denen, die heute kaum noch einer kennt. Da plauderte Hildegard von Bingen mit der Malerin Georgia O'Keefe, Rosa Luxemburg mit der Dichterin Gertrude Stein, Artemisia Gentileschi mit der Hexe Katherine Deshays, die man heute wohl eher als Hebamme bezeichnen würde. Da erzählte die jüdische Kauffrau und Memoirenschreiberin Glückel von Hameln aus dem 17. Jahrhundert von ihrem ersten Kind im Alter von 15 Jahren und davon, wie sie das Handelshaus ihres verstorbenen Gatten geerbt und erfolgreich weitergeführt hatte. Historische Gerechtigkeit sollte hier – zumindest an diesem einen Abend – hergestellt werden. Denn jahrhundertelang waren es Männer gewesen, die sich feierten, Seilschaften pflegten, ihre Bedeutung für alle Ewigkeiten zementierten. Doch das Fest in der Alten Oper in Frankfurt hatte eine Vorgeschichte: Die amerikanische Künstlerin Judy Chicago hatte schon Ende der 70er Jahre ihr eigenes Abendmahl geschaffen, die Installation „Dinner Party“, eines der populärsten und dabei heftig umstrittenen Kunstwerke feministischer Kunst.

Gäste der Gala für die „Dinner Party“ vor der Alten Oper Frankfurt

Fünf Jahre lang hatten 400 Frauen und einige Männer an dem Objekt gearbeitet: An einem gigantischen Bankett in Form eines Dreiecks, das nach Meinung des Nachrichtenmagazins „Der Spiegel“ neben sakralem Pathos wenigstens in der Idee eine politische Aussage hatte. Symbolisch war der Tisch für 39 Frauen gedeckt, von denen jede eine Epoche der „Westlichen Zivilisation“ repräsentieren sollte. Dreieckige Kacheln waren mit weiteren 999 Namen von Frauen beschriftet, und jedes Gedeck zeugte mit Stickereien, Webteppichen und bemalten Porzellantellern von unermüdlichem Frauenfleiß – und wies so auf die traditionell verachteten Handarbeiten der Frauen hin. 1980 war die Installation fertiggestellt worden. Kunst, Kitsch oder Kultobjekt? Gisela Brackert, Leiterin des hr Frauenfunks, schrieb dazu: „Sollte für den Kreuzstich nicht gelten, was wir der Margarine zugestehen ?“

Bis 1986 aber konnte die Installation von Judy Chicago nur in der Off-Kunstszene gezeigt werden, in Fabriklofts und kleinen Hallen abseits des etablierten Kunstbetriebs. Das sollte anders werden: Judy Chicago wollte mit ihrer Kunst ins Museum. Da kam die Frankfurter Aktion in der Alten Oper gerade recht. Die Tanzlehrerin Dagmar von Garnier, Expertin für „Folkloretanz“, hatte es sich zur Chefinnensache gemacht: Judy Chicagos „Dinner Party“ sollte nach Frankfurt geladen werden und ein „Fest der 1000 Frauen“ in der Alten Oper das Ganze vorbereiten. Gesagt, getan: Zum „Fest der 1000 Frauen“ in der Alten Oper in Frankfurt waren selbstredend keine Herren zugelassen. Dafür aber schlüpften an die 600 Sekretärinnen, Lehrerinnen, Ärztinnen, Studentinnen und selbsternannte Lebenskünstlerinnen in die Garderobe und damit in die Rolle weiblicher Persönlichkeiten früherer Epochen. Und bezahlten 390 DM dafür, dass sie als Bettine von Arnim, Königin Elisabeth I. von England, als Hexe Goody Glover, Hildegard von Bingen, Käthe Kollwitz, Bessie Smith oder Djuna Barnes ihren Auftritt hatten. Ob sie alle ihren Spaß an diesem außergewöhnlichen Fest hatten – darüber stritten sich die Geister. Die FAZ schrieb: „Das gepriesene Galadinner der Anhängerinnen von Judy Chicago unterscheidet sich lediglich in den Gästen von einem Vereinstreffen mit Buffet.“ Und an den Gruppentänzen fand der „Spiegel“ wenig Gefallen: „Unermüdlich tritt Dagmar von Garnier ans Mikro auf der Bühne im großen Saal, blickt hohlwangig und aus erlebnishungrigen Augen in die Menge und kündigt den nächsten Massentanz an. Das Wunder geschieht jedes Mal: Hunderte fassen sich bei den Händen und hüpfen zum dünnen Gesang folkloristischer Chöre im Kreis. Unter ihnen, hingerissen, mit roten Schmetterlingen auf dem weißen Seidenkleid, die Oberkindergärtnerin Garnier.“ Ein kulinarisches Highlight war diese Party jedenfalls auch nicht. Es wurden lediglich Schnittchen gereicht, kalte Platten herumgetragen. Dafür gab es im Nachgang noch manche Diskussionen um die Abrechnung der Veranstaltung. Sein Ziel aber hat das „Fest der 1000 Frauen“ in der Frankfurter Alten Oper doch bewirkt: 1987 wurde Judy Chicagos Installation „The Dinner Party“ tatsächlich nach Frankfurt geholt. In der Schirn war sie zwei Monate lang zu sehen, mehr als 40.000 BesucherInnen kamen. Und schließlich hat sie auch noch Einzug in ein Museum gehalten. Das Brooklyn Museum in New York zeigt Judy Chicagos „Dinner Party“ jetzt als permanente Installation – und bei aller Kritik am Pathos und Kunsthandwerklichen dieser Arbeit: als Gegen-Diskurs zur maskulinen Kulturproduktion hat das Werk heute einen festen Platz in der Kunstgeschichte.

Salat oder Kartoffeln – das ist hier die Frage
Ziegenhainer Rituale

Gudrun Rothaug

„Was der Bauer nicht kennt, isst er nicht", lautet ein altes Sprichwort. Genauso verhielten sich die Schwälmer Bauern 1728, als Landgraf Karl von Hessen-Kassel sie zum Kartoffelessen einlud. Als man ihnen Salat vorsetzte, stellten sie fest, dass dem Menschen nicht schadet, was für das Vieh gut ist. Deshalb nennt man das Ziegenhainer Kirchweihfest, das heute größte Heimat- und Trachtenfest Hessens, „Salatkirmes".

Eigentlich wollte Landesherr Karl von Hessen-Kassel vor rund 280 Jahren seine Untergebenen vom Kartoffelanbau überzeugen. Zur Kirmes, die noch heute 14 Tage nach Pfingsten gefeiert wird, ließ er Wurst und Meerrettich auftragen und Schüsseln mit heißen Pellkartoffeln. Die Bauern saßen vor ihren Tellern und beäugten misstrauisch die dampfenden Erdknollen. „Autsch", rief eine Schwälmer Bäuerin und ließ eine heiße Kartoffel auf den Tisch fallen. Beim Schälen hatte sie sich gehörig die Finger verbrannt und ihr war der Appetit schon vergangen. Wer sich mutig ein Stück Pellkartoffel in den Mund schob, hatte Mühe die trockene Kartoffel hinunter zu schlucken. Sie schmeckte fremd und ganz anders als der Hirsebrei, den man in der Schwalm als „Sättigungsbeilage" bevorzugte.

Die Bauern ließen das spendierte Essen einfach stehen, denn der Knolle, die von den spanischen Eroberern im 16. Jahrhundert aus Amerika mitgebracht wurde, eilte kein guter Ruf voraus. Zeitweise galt sie als Auslöser von Pest und Lepra; die Kirche verbrämte das Nachtschattengewächs sogar als Aphrodisiakum, und wer in Unwissenheit von den oberirdisch wachsenden grünen Früchten der Kartoffel kostete, war von ihrer Giftigkeit mehr als überzeugt. Aber auch die Knollen waren in den Pionierzeiten des Kartoffelanbaus nicht immer bekömmlich. Sie reiften spät und enthielten deshalb viel Solanin, ein Gift, das in vielen Nachtschattengewächsen vorkommt. Es kam nach dem Verzehr manchmal zu Nebenwirkungen wie Kopf-, Hals- und Bauchschmerzen, nicht selten begleitet von Schweißausbrüchen und Übelkeit.

Die auf einen konservativen Speiseplan bedachten Bauern hielten nichts von dem Argument, dass die leicht anzubauende Kartoffel nicht so wetterempfindlich ist wie das Getreide und man sie ohne weitere Verarbeitung essen kann. Landgraf Karl wollte mit der genügsamen und vitaminreichen Knolle die über ein Jahrhundert andauernden verheerenden Folgen des Dreißigjährigen Krieges überwinden. Der Krieg hatte ganze Landstriche entvölkert und die Landwirtschaft lahm gelegt. Schon seit 1628 hatten die Landgrafen von Hessen-Kassel in Liebenau Experimente in Sachen Kartoffelanbau in Auftrag gegeben. Weil die Bauern in Liebenau die neue Feldfrucht ablehnten, setzte Karl nun auf die Ziegenhainer, nicht zuletzt, weil sie an einem strategisch wichtigen Ort lebten. In das Depot der Festung Ziegenhain brachten die Bauern der Umgebung ihr Getreide zur Versorgung der landgräflichen Truppen. Außerdem hatte er zwischen den beiden gewaltigen Gräben der Festung Kartoffeln anbauen lassen. Wenn die Ziegenhainer sich vom Kartoffelessen überzeugen ließen, so dachte Karl, würde sich das schnell im ganzen Land herumsprechen.

Er war nicht der Einzige, der versuchte den Siegeszug der Kartoffel in Deutschland vorzubereiten. 1720 ordnete der Soldatenkönig Friedrich Wilhelm I. von Preußen den Anbau von Kartoffeln an und drohte bei Missachtung mit drakonischen Strafen. Weil das ohne Erfolg blieb, probierte es sein Sohn mit List. Während der Hungersnot 1743/1744 ließ Friedrich der Große Kartoffelfelder von Soldaten bewachen, um die Neugier der Bauern zu wekken. Schlich ein Bauer sich an und wollte eine Kartoffel stehlen, hatten die Soldaten den Befehl einfach wegzusehen. Ob die Bauern zu dumm oder zu schlau waren, um auf diese List hereinzufallen? Jedenfalls fiel auch Friedrich II. nichts anderes mehr ein, als den Anbau 1756 zu befehlen.

Landgraf Karl von Hessen-Kassel, dem man ein freundschaftliches Verhältnis zur Bevölkerung nachsagte, versuchte es mit Überzeugung. Auf der Kirmes im Jahr 1728 ließ er einen zweiten Gang servieren. Diesmal kamen Salzkartoffeln auf den Tisch und dazu

Schwälmer Trachtenpaar auf der Ziegenhainer Salatkirmes 2008

Salat, der mit saurer Milch angemacht war. Die Salzkartoffeln rührte niemand an, doch über den mit Sauerrahm angemachten Salat machten die Bauern sich her. Er schmeckte, obwohl niemand bis dahin auf die Idee gekommen war, den wilden Gartensalat, auch Lattich genannt, zu essen. Er wurde in Apothekergärten angebaut, und weil er desinfizierende Bitterstoffe enthält, dem Vieh als Medizin verabreicht.

Statt die Kartoffel als neue Speise zu würdigen, rühmte man sich in Ziegenhain, das Salatessen erfunden zu haben. Ab 1728 wurde der Salat in der Schwalm angebaut und verbreitete sich von hier aus als Nahrungsmittel in ganz Hessen. Die Kartoffel, die unseren Speiseplan revolutionierte, setzte sich in der Schwalm, wie auch in Preußen und anderen Ländern, erst nach dem Siebenjährigen Krieg wirklich durch. Heute gibt es in der Schwalm regionaltypische Kartoffelgerichte, Kartoffelklöße gefüllt mit Schwälmer Roter Wurst oder Saures Kartoffelgemüse. Doch nicht die Kartoffel, sondern der Salat ist hier bis heute das Symbol der Zugehörigkeit und der regionalen Identität. Wer nach Ziegenhain zieht, muss ein Aufnahmeritual über sich ergehen lassen, bevor er offiziell als neuer Mitbürger anerkannt wird. Am Montag der Salatkirmes findet das so genannte „Lattchen“ statt, das sich vom Begriff Lattich ableitet. Nach dem Motto „der Ziegenhainer ist, was er isst“ wird dem Neubürger bei diesem Ritual ein großer Salatkopf umgehängt, die Kapelle spielt einen Tusch und erst wenn die Feuerwehr den Grünbehängten dreimal hat hochleben lassen, gilt er als echter Ziegenhainer.

Im Schatten glänzender Bankentürme
Die Frankfurter Tafel

Dorothee Meyer-Kahrweg

Hans Jürgen Fadel stapelt einen Lebensmittelkarton nach dem anderen in den kleinen Transporter: „Wir haben viele Eier bekommen und Wurst, Fisch, Lachs, Fleisch, dann noch einige Fertiggerichte, Müslisorten und Kuchen. Es ist ziemlich breit gefächert.“ Fadel ist über die Ausbeute ganz zufrieden. Vor allem, wenn er sich die Mindesthaltbarkeitsdaten ansieht. Noch keines ist abgelaufen. Normalerweise sollte das beim Einkauf eine Selbstverständlichkeit sein, aber dies ist kein normaler Einkauf. So parkt der Transporter auch nicht vor dem Lebensmittelmarkt, sondern im Hof am Hintereingang. Dort, wo auch die großen Müllcontainer stehen. Würde er diese Lebensmittel nicht mitnehmen, dann würden sie bald in eben diesen Containern verschwinden.

Der schmächtige Hans Jürgen Fadel ist für die „Frankfurter Tafel“ unterwegs. Fast täglich macht der Ein-Euro-Jobber seine Touren von Plus zu Edeka, von Metro zu Rewe, Aldi und vielen anderen Lebensmittelketten. Ist seine Arbeitszeit beendet, aber noch nicht alles abgeholt, macht er einfach ehrenamtlich weiter. Man kennt ihn und seine Kollegen, stellt ihnen zu festen Zeiten kostenlos kistenweise Lebensmittel hin, die nicht mehr verkauft werden können, aber noch genießbar sind.

Nach zwei Läden ist der kleine Subaru heute schon voll. Bevor Fadel weitere Märkte ansteuern kann, muss er seine Ausbeute erst einmal abliefern. Heute geht es zur Ausgabestelle in der Gutleutstraße in der Nähe vom Frankfurter Hauptbahnhof. Dort, im Schatten der hoch aufragenden glänzenden Bankentürme, drängeln sich schon etwa 50 Menschen vor der Einfahrt, um für sich und ihre Familie für einen Euro ein paar Tüten voll mit Äpfeln, Bananen, Reis, Joghurt, Salat oder Wurst abzuholen.

Wer sie fragt, warum sie auf die Lebensmittel der Frankfurter Tafel angewiesen sind, bekommt viele Geschichten zu hören: Da ist die alte Dame, die von 500 Euro Rente 400 Euro Miete zahlen

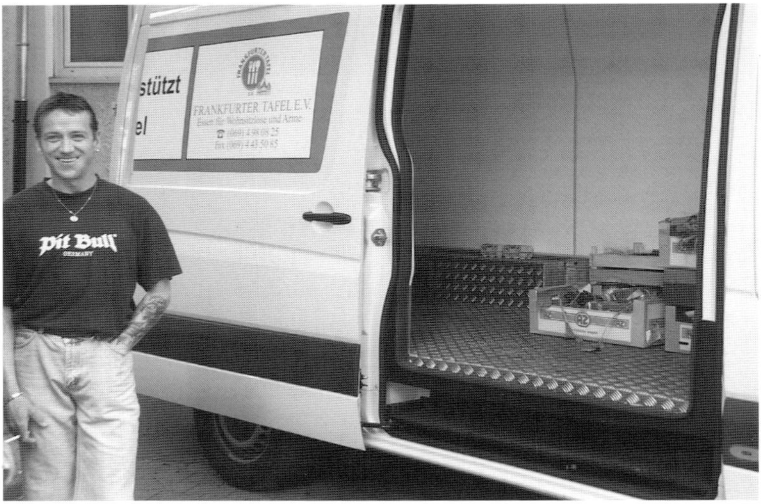

Anlieferung für die Frankfurter Tafel

muss, der arbeitslose Russlanddeutsche, der früher auf dem Bau arbeitete, aber seit Jahren keinen Job mehr findet, der ältere Mann, der auf seine Rente wartet und mit seinem ehemaligen Arbeitgeber im Clinch liegt, weil der seine Krebserkrankung nicht als Berufskrankheit anerkennen will, oder die geschiedene Frau, deren Kinder ihr „übel mitgespielt haben“ und die wegen der langen Zeit der Kindererziehung keine Chance mehr sieht, eine Stelle zu bekommen. Für all diese Menschen, die auf irgendeine Weise an den Rand der Gesellschaft gedrückt worden sind, entstand die Frankfurter Tafel.

Gegründet wurde sie im Jahr 1995 von der damals 75jährigen Hella Schmieder.

Hella Schmieder ist inzwischen gestorben. Aber ihre Idee hat sich durchgesetzt. Nicht nur in Frankfurt, sondern in vielen Städten Hessens gibt es heute Tafeln, an denen sich Bedürftige kostenlos oder für einen eher symbolischen Betrag Lebensmittel holen können.

In Frankfurt profitieren davon mittlerweile 3000 Menschen. Seit 2002 habe sich der Bedarf damit vervierfacht, erklärt Edith Kleber, die 2. Vorsitzende des Vereins. Einerseits, weil die Tafel inzwischen bekannter geworden sei, andererseits, weil es tatsächlich mehr Arme gibt, die auf Lebensmittelspenden angewiesen sind. Jeder, der mit einem Frankfurt-Pass dokumentieren kann, dass er bedürftig ist, also beispielsweise ein Hartz IV-Empfänger, kann sich beim Verein registrieren lassen und damit alle 14 Tage Nahrungsmittel für sich und seine Familie abholen.

Eines ist Edith Kleber dabei ganz wichtig: „Wir verteilen nur Lebensmittel, die ich selbst essen würde." Findet sich in einem Netz mal eine faule Orange oder eine matschige Tomate, dann werden diese aussortiert. Und wenn doch mal ein Mindesthaltbarkeitsdatum überschritten ist, werden die Abnehmer gefragt, ob sie diese Lebensmittel haben wollen oder nicht. „Ansonsten verteilen wir nur Ware, die wirklich in Ordnung ist, die die Märkte uns geben, weil sie vielleicht Fleckchen haben, aber noch wunderbar zu essen sind."

Auch von Hotels erhält der Verein Lebensmittel. Allerdings nur, wenn diese noch nicht die Küche verlassen hatten. Das halb geplünderte Büfett nach einem üppigen Bankett darf aus hygienischen Gründen nicht mehr an die Armen verteilt werden. Doch die schon fertig belegten Brötchen, der Eintopf oder auch die Sahnetorte, die in der Kühlkammer auf ihre Bestimmung warteten und dann doch nicht benötigt wurden, die können die Helfer der Tafel mitnehmen. Diese nicht abgepackten Lebensmittel gehen an soziale Einrichtungen für Obdachlose, Drogenabhängige oder auch Behindertenwerkstätten.

Ohne die vielen ehrenamtlichen Helfer ginge gar nichts. Edith Kleber beispielsweise ist seit 11 Jahren dabei. Mindestens drei Mal in der Woche kommt sie in die Frankfurter Hanauer Landstraße, wo die Tafel einige karg eingerichtete Büroräume bezogen hat. Auf die Frage, warum sie sich engagiert, gibt sie eine knappe Antwort: „Ich bin der Meinung, als Christ habe ich die Pflicht dorthin zu schauen, wo es nicht so gut läuft."

Edith Kleber hat eine kaufmännische Ausbildung. Nach dem Prinzip, dass jeder Helfer das tut, was er am besten kann, ist es ihre Aufgabe, Geld für die Tafel zu besorgen: „Eine wichtige Basis sind für uns Stiftungen mit einer sozialen Ausrichtung. Außerdem kann man Mitglied werden und mit einem geringen Beitrag, dessen Höhe jeder selbst bestimmen kann, unsere Arbeit unterstützen.“ Das ist auch nötig: Allein das Benzin der neun Autos, mit denen der Verein in Frankfurt unterwegs ist, kostet 3000 Euro im Monat.

Da diese Wagen zum Teil hochbetagt sind, fallen immer wieder Reparaturen an. Wenn es wieder einmal so weit ist, tritt Rainer Häusler in Aktion. Der 1. Vorsitzende des Vereins hat wenige Häuserblocks von der Tafel-Zentrale entfernt sein Autohaus und sorgt dafür, dass die Fahrzeugflotte rollt: Fällt ein Wagen aus, stellt er Ersatzfahrzeuge und gibt auf die Reparaturen auch schon einmal „100 Prozent Rabatt“. Auch seine Mitarbeiter sind immer wieder bereit, für die Tafel auf ihren Lohn zu verzichten. An Geld darf es nicht scheitern, erklärt Rainer Häusler: „Weil es doch das Wichtigste ist, dass die Lebensmittel schnell transportiert werden. Sonst sind sie verfallen, bevor sie da sind, wo sie hingehören.“

Ohne eine gute Logistik ist das nicht zu machen. Für die ist der Geschäftsführer, Dieter Freitag, verantwortlich. Er ist einer der ganz wenigen Festangestellten der Tafel. Er plant, wer wann mit welchem Wagen die Lebensmittel abholt und zu den Ausgabestellen transportiert, wer dort bei der Verteilung hilft, wie Ersatz beschafft werden kann, wenn jemand ausfällt. Dieter Freitag muss dafür sorgen, dass die große Verteilungsmaschine möglichst reibungslos funktioniert.

Eigentlich, meint er, sei die Frankfurter Tafel doch inzwischen „ein ganz normaler Betrieb“. Einer, der auf Expansionskurs ist. Nicht nur in Frankfurt.

Schlingen

Dunker und Abbuter Im friedlichen Taunus

Christian Sprenger

Abbut mit zwei „b“ und einem „t“. Das war den Kindern immer ein wichtiges Detail, wenn Zugezogene sich mit dem Spitznamen des Dorfes schmücken wollten. Und die Zugezogenen schrieben es immer alle gleich falsch: „Abutt“.

All die Jahre gab es keinen Neuen, der kapierte: Abbut mit zwei „b“ und einem „t“. Aber die Eingeborenen mussten nachsichtig sein mit den Fremden, gab es doch nirgendwo ein offizielles Dokument, das bewies, wie die Regeln der Orthografie auf diesen inoffiziellen Namen anzuwenden sind. Die Kinder versuchten es etymologisch, auch wenn sie nicht wussten, dass man das so nennen kann. Die Herkunft des Spitznamens für das Untertaunusdorf Wallrabenstein leitete sich nämlich davon ab, dass die Eingeborenen vor hunderten von Jahren einmal Abbitte leisten mussten,

deshalb die zwei „b“, dass aber aus diesem Grund auch zwei „t“ von Nöten gewesen wären, war offensichtlich niemandem klar...

Den Zugezogenen wurde zur Erklärung die Geschichte von verfressenen Wallrabensteinern erzählt und warum sie zu Abbutern wurden:

Ort der Legende ist die Burg des Grafen Walram IV. von Nassau-Idstein, der auch Pate für den offiziellen Namen des Ortes ist. Er baute 1393 eine Burg, die bis zum Dreißigjährigen Krieg von einfachem Landadel bewohnt wurde. Sie wurde in den Kämpfen zwar unbewohnbar gemacht, aber nicht völlig zerstört, noch heute ragt die Ruine geheimnisvoll aus dem kleinen Tal, durch das sich der schmale Wörsbach schlängelt. Einige Fantasielose deuteten aus dieser Burg den Namen Abbut, weil das Dorf „ab der Burg“ entstanden sei, die zwei „b“ hätten tatsächlich auch hier ihren Grund. Doch die Alten und die Kinder des Dorfes erzählen eine andere Geschichte:

Es war einmal, in einer längst vergangenen Zeit, als der Taunus von friedlichen Bauern mit Vieh und Handwerkern mit Fuhrwer-

ken bevölkert war. Graf Walram, oder einer seiner Nachfahren, lud sein Volk zu einem Essen ein und das Volk im Nachbarort Wörsdorf gleich mit. Die Wallrabensteiner mussten nicht erst anreisen wie ihre Nachbarn und waren früher als die Wörsdorfer beim gespendeten Mahl. So legten sie los und fraßen was das Zeug hielt, sie schlugen sich die Bäuche voll und wunderten sich nicht schlecht, als die Wörsdorfer doch noch eintrudelten – da war das Fleisch aber leider schon aus. Die zerknirschten Nachbarn waren geschwächt vom Weg. Sie nahmen den Rest des Brotes und tauchten es in die noch übrig gebliebene Soße. In der hessischen Mundart wird dieses Eintauchen „dunke“ genannt.

Damit haben die Wörsdorfer bis heute ihren Spitznamen weg, es sind die „Dunker“. Die verfressenen Wallrabensteiner mussten anschließend wegen unhöflichen Benehmens beim Grafen Walram Abbitte leisten, und seit diesem Tag heißt ihr Dörfchen Abbut und die Bewohner sind die Abbuter. So die Legende.

Nur, nirgendwo findet sich ein Beweis. Der alte Bäcker Heilecker, dessen Bäckerei 1891 von seinem Großvater gegründet wurde, hat all die geschwätzigen und gefräßigen Abbuter mit Brot und Kuchen versorgt, bis er schließlich vor gut 15 Jahren in Rente ging. Er erzählt die Geschichte auch, doch erzählt er sie in einer anderen Version:

„Die Wallrabensteiner und die Wörsdorfer waren zusammen auf der Jagd. Nach der Jagd gab es einen Kessel voll Fleisch. Die Fleischbrocken im Kessel nannte man auf französisch ’Aboutier‘. Die Wallrabensteiner waren zuerst am Kessel und haben alle Brocken rausgefressen und als die Wörsdorfer kamen, war nur noch die Brühe da und die haben die Wörsdorfer mit Brot gedunkt, deshalb waren die Wörsdorfer die ’Dunker‘ und die Wallrabensteiner die ’Abbuter‘.“ Nur gibt es heute in der französischen Sprache das Wort ’Aboutier‘ nicht, oder vielleicht auch nicht mehr.

Ortswechsel und damit auch Seitenwechsel.

Was wissen die Wörsdorfer, also die „Dunker“, von dieser verfressenen Geschichte? Die Antwort des Ortsvorstehers Horst Urban kommt wie aus einem alten Vorderlader geschossen: „Nein, wir bestreiten das! Bei uns ist es nach der Historie so: Die alten

Wörsdorfer haben früher auch den weichsten Kuchen im Kaffee gedunkt, bevor sie ihn gegessen haben. Hauptsächlich ging es um Krimmelkuche [übersetzt: Streuselkuchen]. Allerdings ist das nicht das Einzige. Es wurden auch Pellkartoffeln in Dickmilch gedunkt, erst daraufhin wurden die Wörsdorfer von ihren Nachbarn als 'Kartoffeldunker' beschimpft." Eine Jahreszahl für diese Namensgebung sei aber nicht zu bestimmen, der Ortsvorsteher schätzt, dass der Name mindestens 200 Jahre alt sein müsse. Aufzeichnungen auch hier: Fehlanzeige.

Mittlerweile ist aus dem Schimpfwort eine stolze Tradition geworden. Jeden Juni feiern die Wörsdorfer ihr Dunkerfest, der alte Dorfkern wird für zwei Tage abgesperrt und dann wird kräftig gedunkt. Eröffnet wird das Fest mit einer lieb gewonnenen Zeremonie: In speziell angefertigten Tassen, die eine extrabreite Öffnung haben, wird offiziell „angedunkt". Die Landfrauen schenken Kaffee aus und reichen Krimmelkuche, und Ortsvorsteher Urban wechselt in eine einzigartige Rolle, er ist der Dunkerpräsident. Das sehnsüchtig erwartete Kommando kommt von ihm: „Wörsdorfer, dunkt an!" Und dann dunken die Dunker den Krimmelkuche in den Kaffee. Alle zusammen. Vom Pellkartoffeldunken in Dickmilch wird allerdings nicht berichtet. Ortsvorsteher Urban sieht in diesem Brauchtum nichts Besonderes, neben den gefräßigen Abbutern und dunkenden Wörsdorfern gäbe es ja noch ein Nachbardorf, das sich wegen seltsamer Fressrituale einen Namen gemacht habe, die Lekweiekrämer.

Das Dörfchen Beuerbach, sechs Kilometer nördlich von Wörsdorf und drei Kilometer nördlich von Wallrabenstein gelegen, nennt sich nach einer hessischen Spezialität, der Pflaumenmarmelade, hessisch dem Lekweie. Jeder im Dorf kennt den Namen Lekweiekrämer, doch kaum einer weiß zu berichten, wie er entstanden ist. Es wird viel gemutmaßt, in Beuerbach sollen immer die besten Pflaumenbäume gestanden haben, sagt einer, ein anderer vermutet, die Beuerbacher hätten vielleicht auf großen Festen immer Pflaumenmarmelade mitgebracht. Bis ein knorriges Männlein verschmitzt erklärt: „Früher war es in Beuerbach im Winter mit dem Essen schwierig, man brauchte eben einen guten Brotaufstrich, Zucker ist in der kalten Jahreszeit ja ganz wichtig. In Beuerbach gab es früher viele Pflaumenbäume, die nennt man hier Quetsche, aus dem Französischen 'la Quetsche' und Lekweiekrämer sind Leute, die das extrem viel gegessen haben. Durch das Brot und die Marmelade gab es natürlich oft einen Rand rings um den Mund, was so ähnlich aussah wie ein Bart. Aus diesem Grund gab es auch für die Beuerbacher den Namen 'Schnorresmäuler', also in etwa: Schnurrbartmäuler. Doch Aufzeichnungen fehlen auch hier. Leider."

Marmelade fressen bis der Mund verklebt, Nachbardörfern etwas wegfressen bis der Landgraf einschreitet oder Kuchen in Kaffee eintauchen bis süßer Brei entsteht. Diese drei nebeneinander gelegenen Taunusdörfer verbindet das Extreme bei der Nahrungsaufnahme, weshalb ganz bestimmt von der hessischen Achse des Fressens gesprochen werden darf! Aber die Scham über dieses übermäßige oder abseitige (Fr)Essverhalten war den Taunusbewohnern wohl seit jeher bewusst, sonst gäbe es bestimmt Aufzeichnungen, wie es zu diesen Namen kommen konnte.

Doch bekannt sind sie in der Gegend allen: Es gab sie eben irgendwie schon immer, die Abbuter, Dunker und Lekweiekrämer.

Einen guten Freund zum Dinner
Der Kannibale von Rotenburg

Ulrich Sonnenschein

„I'm having a good friend for dinner", sagt der Psychiater Dr. Hannibal Lecter in der Schlussszene vom „Schweigen der Lämmer" und lächelt dämonisch in den Telefonhörer. Die hinterhältige Doppeldeutigkeit, die das Englische bereithält, geht im Deutschen fast verloren, nicht aber der teuflische Gehalt. Hannibal Lecter ist ein hochintelligentes Monster, ein Psychopath und Menschenfresser, jemand der selbst im Gefängnis hinter einer Glasscheibe sitzt und nur in einer Zwangsjacke, mit Gummimaske vorm Gesicht, transportiert werden kann. Nein, Hannibal Lecter ist kein Vorbild für Armin Meiwes.

Fast fragend schaut Armin Meiwes in die Kamera. Er hat einen sanften Blick, schütteres Haar und spannungslose Lippen – zumindest auf diesem Foto. Optisch geht keinerlei Gefahr von ihm aus. Er hat einen Menschen verstümmelt, geschlachtet und gegessen. Aber ein Monster ist er nicht. Eher ein Suchender, ein einsamer Mann mit einer dominanten Mutter, getrieben von ihrer krankhaften Eifersucht, ein gestrandeter Schiffbrüchiger in einem viel zu großen Haus. Er ist der, der übrig bleibt, nachdem der Vater und die Brüder die Familie verlassen haben, er ist der, der immer bleiben wird. Das Haus, in dem er sich verlor, und das nun ihm allein gehört, steht leer. Ein harmloser Ort des unerwarteten Schreckens.

In einem anderen Film liegt ein Mann kross gebraten auf einem Tisch. Er ist kunstvoll angerichtet, rundherum garniert und unterscheidet sich nur in der Form von einem Tier. Daneben steht ein Frau mit einem Revolver. Sie zwingt ihren Mann von dem anderen, der ihr Liebhaber war, zu essen. Dann erschießt sie ihn. Dieser symbolhaltige Film über barbarische Gier und kultivierte Eleganz stammt von dem britischen Künstler Peter Greenaway und heißt schlicht: „Der Koch, der Dieb, seine Frau und ihr Liebhaber". Als Armin Meiwes diesen Film im Fernsehen sieht, findet seine innerste Sehnsucht ein Bild. Von dem Tag an will er einen Menschen essen, will, wie er sagt, „einen Bruder in sich aufnehmen“.

Die Geschichte von Hänsel und Gretel kennt Armin Meiwes, seitdem er denken kann und auch hier ist es die Hexe, die den Hänsel braten und essen will, mit der er sich identifiziert. Das Happy End des Märchens ist für ihn eine Enttäuschung. In seinem Haus in Rotenburg-Wüstefeld wird es zu einem erfüllten, aber tragischen Ende kommen.

Ein Märchen, eine Reihe Filme, eine herrische Mutter in einem alten halb verfallenen Gutshof, eine unentschiedene sexuelle Neigung und der Mangel an Freunden und direkten Kontakten, dafür aber eine ganze Welt der Virtualität, einer Welt im Computer, in der alles möglich ist – das sind die nachvollziehbaren Fakten, die in Armin Meiwes Leben Spuren hinterlassen haben. Eine hinreichende Erklärung für seine Tat sind sie nicht. Dass Armin Meiwes irgendwann in den vielen unvorstellbaren Chatrooms des Internets auf Bernd Brandes traf, der nichts lieber wollte, als bei lebendigem Leib verspeist zu werden, und diese Phantasie dann in die Tat umsetzte, ist nicht zu erklären. Es gibt keine Logik in diesem Fall, nur eine Art Wahn, eine Phantasie, die irgendwann Realität wird. In allen Gesellschaften ist der Kannibalismus mit einem strengen Tabu belegt. Aller Mystizismus, alle quasireligiösen Vorstellungen und Hoffnungen sind vertrieben und getilgt worden. Nur eine nicht: der Reiz, diese Grenze des Tabus zu übertreten, der durchaus sexuell stimulierend wirken kann. Dass dies mehr für den Masochisten Bernd Brandes zutrifft als für Armin Meiwes, mindert nicht seine Schuld. Auch das ist ihm in seiner kargen Gefängniszelle bewusst. Aber um Schuld geht es hier nicht.

In dem Moment, in dem Armin Meiwes mit seinem Computer in die virtuelle Welt des Internet eintritt, als Franky the Butcher oder Antrophagus auf einen Cator trifft, entsteht eine neue Wirklichkeit. Seine Person verschwindet hinter einer neuen, die er selbstbestimmt verändern und anreichern kann, die ihm völlig unterliegt. Armin Meiwes geht im Internet auf. Er trifft dort auf Menschen, die er sonst nie gefunden hätte, auf eine globale Kommune von Menschenfressern, auf Opfer wie Täter, mangelhaft verschlüsselt und vordergründig nichts als Phantasie, meist mit sexuellem Subtext. Doch für Armin Meiwes ist dieses Spiel weder besonders erregend, noch reine Fiktion. Er sucht tatsächlich ein Opfer, jemanden, der bereit ist zu sterben und so eine Vorstellung wahr werden lässt. Er hat einen Weg beschritten und ist nicht mehr bereit umzukehren. Immer drastischer werden seine Auftritte im Netz. Er inszeniert Schlachtungen an sich selbst und nimmt diese mit der Videokamera auf. Eine alte Räucherkammer wird zum Schlachtraum, unzählige Photos entstehen, die er bereitwillig ins Netz stellt. Wo die Grenze zur strafbaren Gewaltdarstellung verläuft, ist nicht so klar. Aber das interessiert Armin Meiwes auch nicht. Er lebt für den Tag, an dem er seinem Opfer gegenüberstehen wird. Dieser Tag ist der 9. März 2001, der Tag, an dem Bernd Brandes mit dem Zug in Kassel ankommt, um mit Armin Meiwes zur Schlachtung nach Wüstefeld zu fahren.

Das Wohnhaus in Wüstefeld

30 Kilo Fleisch lagert Armin Meiwes in seine Tiefkühltruhe ein, 20 davon wird er in den Wochen nach der Tat essen. Als Hackfleisch das meiste, weil es so zäh ist, aber auch als Braten oder Schnitzel. In der Pfanne gebraten, gut gewürzt und ohne jede Form von Reue. Seine Phantasie ist längst die stärkere Wirklichkeit. Bernd Brandes, so denkt er, wird dadurch zu einem Freund, und schließlich unwiederbringlich zu einem Teil von ihm selbst. Der Bernd habe nichts anderes gewollt, sagt Armin Meiwes, und ein Videoband der Tat belegt diesen Satz. Dennoch ist er ein verurteilter Mörder, der eine lebenslange Haftstrafe verbüßen muss. Unfair findet er das, habe es sich doch um Tötung auf Verlangen gehandelt, nicht um Mord. Er wird mit seinem Anwalt weiter kämpfen, doch wirklich ändern wird das nichts. Für den Rest seines Lebens wird er der „Kannibale von Rotenburg“ bleiben. Sein Haus ein Ort des Horrors, der goldene Mercedes, der im Garten langsam verrostet, ein Bild der grotesken Ruhe. Es heißt, japanische Investoren hätten aus dem Gutshof ein Horror-Hotel machen wollen, für Freunde des makabren Humors. Aber Armin Meiwes will ihn nicht verkaufen. Er will keinen Wallfahrtsort daraus machen, jetzt wo ihn die Wirklichkeit wieder hat. Doch an anderen Orten bleibt die Sehnsucht der ultimativen Grenzübertretung. Der so genannte „gute Geschmack“ ist spießig und langweilig, seiner sind Grenzen nur noch eine Herausforderung. Hunderte von Anzeigen hat Armin Meiwes im Internet gelesen, viele davon gingen selbst ihm zu weit. Es hat Monate gedauert, in denen er sich mit seiner Tat brüstete, weitere Monate bis die Polizei die Anzeige eines besorgten Studenten ernst nahm und den Gutshof in Wüstefeld durchsuchte. In dieser Zeit hatte Armin Meiwes weiter Kontakt zu Männern, die er gern gegessen hätte. Und die sich bereitwillig verspeisen lassen wollten. Nein, er ist kein Hannibal Lecter, kein brutaler Mörder, der lebenden Menschen Fleischstükke aus dem Gesicht reißt. Armin Meiwes ist nämlich keine Fiktion. Er ist die wirkliche Person hinter den Bildern, hinter der körperlosen Identität im Internet und der Inszenierung zum Nervenkitzel. Das ist die Grenzüberschreitung, die hier lautlos und fast unbemerkt vonstatten ging.

Manche kriegen den Hals nicht voll
Kippenberger an der Wand

Rudolf Schmitz

Seinen lukullischen Vorlieben blieb Martin Kippenberger Zeit seines Lebens treu – nichts ging ihm über Spaghetti in allen Varianten, er hat sein Lieblingsessen in zahlreichen Bildern festgehalten. Und so dauerte es im Frühjahr 1991 nur wenige Wochen, bis der frisch gebackene Gastprofessor der Frankfurter Städelschule 'seinen' Italiener entdeckte. Eine Wohnung hatte Kippenberger, auf Wunsch der Studenten an die Städelschule berufen, in der Stempelfabrik in der Sachsenhäuser Hedderichstraße gefunden – gegen Kunsttausch, versteht sich. Seinen Frühschoppen nahm der jedwedem Alkohol freudig zugeneigte Künstler in der Apfelweinkneipe „Zum Gemalten Haus" ein, doch die Abende verbrachte er am liebsten im „Colosseo", einem italienischen Restaurant in der Mörfelder Landstraße. Der Wirt, Mario Perrone, zeigte genügend Geduld und Sitzfleisch, um Martin Kippenberger und seinen Studenten auch bis spät in die Nacht Gastfreundschaft zu gewähren und entsprechenden Nachschub an Rotwein aus dem Keller zu holen. Irgendwann wurde dann ein Pakt geschlossen, beziehungsweise dem Restaurantbesitzer aufgedrängt, der folgendermaßen aussah: Martin Kippenberger würde für die Wand seines Stammplatzes ein Bild malen, im Format zwei mal zweieinhalb Meter, und dafür in Zukunft frei essen und trinken können. Naturalientausch, wie ihn Kippenberger oft und gern praktizierte. Gesagt, getan. Das Bild wurde in die Wandnische eingepasst, doch der Wirt wollte auf die zwei kitschigen Wandleuchten, die den darunter befindlichen Tisch erhellten, nicht verzichten. So wurden zwei Löcher in die Leinwand geschnitten und die Wandleuchten einfach durchgesteckt. Diese martialisch anmutende Operation passte allerdings gut zum Gegenstand des Bildes: es zeigte in fotorealistischer Manier eine menschenleere Straße vor einer andalusischen Bar, mit einer rötlich schimmernden, seitlich gebogenen Laterne im Vordergrund. Das Sujet „Betrunkene Laterne" durchzog

Martin Kippenbergers „Betrunkene Laterne" samt Wandleuchten

das plastische Werk von Martin Kippenberger als ironisches Leitmotiv, es handelte sich um seltsam verzogene und abknickende Lichtspender: Objekte, wie sie einem Betrunkenen im fortgeschrittenen Delirium als trügerische Stützpfeiler erscheinen.

Als Martin Kippenberger, 1991 noch nicht so prominent wie bei seinem frühen Tod im Jahr 1997, nach einjähriger Gastprofessur dann Frankfurt wieder verließ, wurde das Colosseo-Bild bei nostalgischen Restaurantbesuchen seiner Freunde zwar noch gewürdigt, geriet aber bald in Vergessenheit. Der Restaurantbesitzer Mario Perrone ahnte nicht so recht, welchen Schatz er da in seinem Besitz hatte. Im Jahr 2001 verpachtete er sein Restaurant, mit allem Zubehör.

Um so verblüffter registrierten vier Jahre später die Kippenberger-Sammler, dass in einer Ausstellung zum zwanzigsten Bestehen der Londoner Saatchi-Galerie – „Der Triumph der Malerei" – ein

Das Bild an seinem ursprünglichen Standort

bisher unbekanntes Bild des deutschen Enfant terrible auftauchte: eine Straße vor einer andalusischen Bar mit einer betrunkenen Laterne. Die Besonderheit dieses Werks: durch seine Leinwand waren links und rechts zwei kitschige Wandleuchten gesteckt...

Charles Saatchi hatte es im Oktober 2003 auf einer Auktion von Sotheby's für umgerechnet 280.000 Euro erworben.

Wie war es dazu gekommen? Kippenbergers Frankfurter Galeristin Bärbel Grässlin hatte sich Ende 2002 anlässlich eines Dokumentarfilms über den Künstler im Colosseo unter dem Bild interviewen lassen. Das brachte das neue Pächterpaar des Restaurants wohl auf die heiße Spur. Und so reifte in ihm der Plan, von der Gier des Kunstmarktes auf Relikte seines neuen Shootingstars Martin Kippenberger zu profitieren. Als ein ominöser Kunstkenner und angeblicher Kippenberger-Freund den neuen Pächtern 50.000 Euro bar auf die Hand bot, konnten sie der Versuchung nicht widerstehen. Sie verkauften, was ihnen nicht gehörte. Um den Betrug perfekt zu machen, ließen sie sogar noch eine Kopie anfertigen und passten sie der Wandnische ein.

Als die Galeristin Bärbel Grässlin das vertraute Bild dann im Auktionskatalog von Sotheby's sah, wollte sie ihren Augen nicht trauen. „Es war doch nur eine Gefälligkeitsarbeit vom Martin", sagt sie, „genau für die Nische im Restaurant gemacht. Wenn man das rausreißt und in einer Sammlung an die Wand hängt, mit den Kitschlampen drin, dann ist das völlig absurd. Aber auch vom Auktionshaus war es ein Faux pas, so etwas kann man doch nicht als Meisterwerk verkaufen." Vor allem verstehe sie den Käufer nicht, der soviel Geld dafür bezahlt habe.

Aber auch die Restaurantbesitzer Mario und Viola Perrone fielen aus allen Wolken, als sie – viel zu spät – vom Verkauf erfuhren. Im Mai 2006 kündigten sie empört dem betrügerischen Pächterpaar. Seitdem versuchen sie, mit Hilfe eines Anwalts zu ihrem Recht zu kommen – bisher erfolglos. Wenn irgendjemand das Geld verdient habe, klagt Mario Perrone, dann er: schließlich habe er den „professore" mehrmals in der Woche bewirtet und ihm bis tief in die Nacht Gesellschaft geleistet. Wie hätte er ahnen sollen, dass es sich bei seinem Gast um einen solchen Star handelte?

Doch die ganze Geschichte von Schlitzohrigkeit, Übervorteilung und Verfressenheit ist damit noch nicht zu Ende. Tobias Rehberger, heute international gefragter Künstler und Professor an der Frankfurter Städelschule, war seinerzeit einer der Studenten von Martin Kippenberger. Er weiß ein Detail nachzutragen, das ganz neues Licht auf die Sache wirft: „Das Bild war gar nicht vom Kippenberger", sagt er, „das hat doch einer der Studenten gemalt. Der Martin hat nur seine Signatur draufgesetzt". Da blicke nun einer durch. Die betrunkene Laterne vor einer Bar in Andalusien – sie verschwimmt vor unseren Augen. Ist sie nun ein beinah unentdeckt gebliebenes Meisterwerk, ein unvermutet aufgetauchter Schlüssel zum Verständnis eines notorischen Spaghetti-Liebhabers oder doch nur eine viel zu teuer bezahlte Chimäre?

Für zehn denkend
Der Leib Schopenhauers

Mario Scalla

„Die Mahlzeiten hat Arthur Schopenhauer nach der Übereinstimmung seiner Biographen stets in Gasthäusern eingenommen. Aus dem *Englischen Hof* am Rossmarkt hält sich bis heute die Anekdote, sein außerordentlicher Appetit habe manches Mal Aufmerksamkeit erregt. „Herr Doktor, sie essen ja wirklich für zehn", soll ein Tischnachbar zu ihm gesagt haben. „Ja freilich", habe er entgegnet, „aber ich denke auch für zehn."

Soweit die Anekdote um einen der berühmtesten Söhne der Stadt. Tatsächlich ist über den Zusammenhang von Essen und Denken bislang wenig geforscht worden. „Denken ist sinnlich", meinte Bertolt Brecht und versuchte auf diese Weise, eine Brücke zu schlagen und die zwei meist streng getrennten Disziplinen intellektueller und kulinarischer Tätigkeit miteinander zu verbinden. Aber die Kombination von Essen und Denken, zumal von viel Essen und viel Denken, womöglich auch von viel Essen und gut Denken, ist viel zu interessant, um sie auf derartige Fragen zu beschränken. Es gibt vielmehr gute Gründe für die Rückkehr zum Philosophen Schopenhauer und der schönen Anekdote, die sich um seine Ess- und Denkgewohnheiten rankt. Erst einmal verhält es sich auch hier wie häufig im Reich der halbwahren, vielleicht leicht abgeänderten, womöglich sogar überwiegend erfundenen biografischen Geschichten, die sich gleichwohl, auf Grund der sehr eigentümlichen Natur der in Rede stehenden Person, so hätten zugetragen haben können. Thomas Regehly ist Archivar der Schopenhauer-Gesellschaft und klärt über die näheren Umstände auf: „Die Anekdote wird gerne erzählt, aber sie ist zumindest in dieser Form mit zehn Personen nicht authentisch. Die Grundform dieser kleinen Geschichte ist etwas bescheidener angelegt. Sie lautet so: 'Ich denke auch für zwei', soll er gesagt haben, als ihm ein Tischnachbar den Vorwurf gemacht habe, er esse für zwei. Aber für beide Geschichten hatte er, als man sie ihm erzählte, wenig übrig. Er sagte dann: 'Solches Zeug rede ich nicht'."

Ist damit also der Fall abgeschlossen? Nein, und das aus mehreren Gründen. Erstens wäre dies nicht das erste Mal, dass ein Denker aus welchen Gründen auch immer Spuren zu verwischen trachtet. Vielleicht ruht hier ja etwas, das Schopenhauer lieber im Reich der Fabel und der üblen Nachrede gesehen hätte. Zweitens ist die Anekdote zu schön, um sie leichthin auf Nimmerwiedersehen zu versenken. Und drittens und entscheidend: Hier lagert, notdürftig verborgen, entscheidendes Material zu einer Dialektik von Essen und Denken, die noch zu schreiben wäre und ausgesprochen aktuell ist. Tiefenschürfungen sind notwendig. Thomas Regehly erzählt, wie Schopenhauer es mit dem Essen hielt: „Auf jeden Fall war Schopenhauer ein starker Esser, und richtig ist zumindest, dass er immer den größten Wert darauf gelegt hat, sich ordentlich zu verköstigen und auch regelmäßig seine Mahlzeiten einzunehmen. Er ging mittags in den Englischen Hof. Der Englische Hof war das berühmteste Gasthaus Frankfurts zu dieser Zeit. Es lag am südlichen Rand vom Rossmarkt, sah sehr imposant aus. Dort hatte er ein Abonnement." Der Philosoph war also durchaus ein Genießer. Ein Gourmet ist immer auch ein Gourmand, meinte einmal ein Esskritiker, schließlich seien die Gelegenheiten zum guten Speisen selten, ordentliches Zugreifen folglich unentbehrlich, und er traf damit auch die Gewohnheiten des deutschen Philosophen.

Zwei Probleme allerdings treten auf. Heute gilt Schopenhauer als Vordenker der Tierethik. Wer gegen Tiere grausam sei, könne kein guter Mensch sein, dekretierte er in unmissverständlicher Diktion. Damals hingegen verspeiste der pudelbesitzende berühmte Frankfurter gerne das eine oder andere Schnitzel und mochte auch nicht vom guten Braten lassen. Natürlich blieb ihm der Widerspruch nicht verborgen. Er dachte darüber nach und löste den schwierigen Fall folgendermaßen, wie Thomas Regehly erklärt und zitiert: „Warum darf man Tiere essen – oder warum ist es nicht verboten, ein Schnitzel zu sich zu nehmen? 'Dass übrigens das Mitleid mit Tieren nicht so weit führen muss, dass wir wie die Brahmanen uns der tierischen Nahrung zu enthalten hätten, beruht darauf, dass in der Natur die Fähigkeit zum Leiden gleichen Schritt hält mit der Intelligenz, weshalb der Mensch durch Entbehrung der tierischen Nahrung zumal im Norden mehr leiden würde als das Tier durch einen schnellen und stets unvorhergesehenen Tod, welchen man jedoch mittels Chloroform noch mehr erleichtern sollte.'" Hat Schopenhauer damit einfach versucht sich rauszureden, um die geschätzten Speisen nicht missen zu müssen oder hat er eine pragmatische Lösung für einen tatsächlich schwierigen, wenn überhaupt zu lösenden Widerspruch gefunden? Auf jeden Fall entschied er sich für den Genuss und gegen eine fundamentalistische Essmoral. Selbst heute noch weisen unerschütterliche Freunde der Gänsestopfleber darauf hin, dass das arme Geflügel nicht mehr wie früher mit harten Metallstäben traktiert wird, sondern mit beweglichen, flexiblen Schläuchen. Immerhin.

Der Mensch sollte die Kreatur hegen, schätzen und pflegen, ihr das Leben und Dahinscheiden erleichtern soweit irgend möglich – um sie alsbald kunstvoll zuzubereiten, sie zu sieden und zu braten, zu füllen und zu stopfen, auch zu schmoren und zu grillen, zu würzen und mit Freude auf der Tafel zu präsentieren. Auf letzterer allerdings lauert eine weitere Gefahr, der auch Schopenhauer begegnen musste: Der Essstörer.

Dieser Typus war ihm vertraut, schließlich war er eine stadtbekannte und -berühmte Persönlichkeit. Schopenhauers Stammgasthaus hatte sich herumgesprochen, und so ergab es sich des Öfteren, dass er angesprochen, zu Gesprächen und Begegnungen genötigt wurde, die er lieber gemieden hätte, um sich unbehelligt dem Braten und dem guten Wein widmen zu können. Allein, er wusste auch hier Rat. „Als ihm eine als besonders redselig bekannte Dame zugeteilt worden war, wunderten sich seine Freunde, dass ihr Redefluss alsbald versiegte und anschließend wollten sie von ihm das Rezept dafür erfahren. Schopenhauer: 'Ich habe sie erst gefragt, ob sie verheiratet sei und als sie das zugab, ob sie auch Kinder habe? Sie bejahte auch das. Und da fragte ich weiter: Von wem? Von da an sagte sie gar nichts mehr.' Was aber, wenn sie nun keine gehabt hätte, wollte einer der Freunde wissen. 'Nun', schmunzelte der Philosoph, 'dann wäre meine nächste Frage gewesen: Warum nicht?'" Erzählt Thomas Regehly. Damit wäre auch die Frage nach dem näheren Zusammenhang von Denken und Essen einer Antwort näher gebracht. Denken befördert Schlagfertigkeit und Wortwitz und damit die Möglichkeit, sich unliebsame Essensstörer vom Leib zu halten. Für zehn gedacht hat er bestimmt – und er hat dadurch die Voraussetzung geschaffen, unbehelligt für zehn essen zu können, wenn er denn gewollt hätte.

Keine Frankfurter Schule des Essens
Adornos Speiseplan

Ruthard Stäblein

Wenn eine Mutter sich um den Sohn sorgt, dann fragt sie ihn: Hast du gut gegessen? Ein guter Sohn sollte seiner Mutter versichern, dass er auch ohne sie nicht verhungert und sie bis ins Detail aufklären, was er so zu sich nimmt. Also müsste so ein Briefwechsel mit der Mutter die erste Fundstelle für eine Materialstudie zu Adornos Esskultur sein.

Allein, Buttersuppe, Seafood, Pfannensteak und Fleischextrakt bilden, kaum zu glauben, die Gipfelpunkte adornitischer Kulinarik. Zumindest so, wie sich die Küche im Briefwechsel mit den Eltern darstellt. Allein 262 Briefe schrieb Adorno an die Eltern, fast ausschließlich an die Mutter, die er „Nilpferdstute Marinumba" titulierte, und unterzeichnete sie mit „Nilpferdkönig Archibald", in Erinnerung an Besuche im Frankfurter Zoo:

„Macht euch meinetwegen keine Sorgen, ich bin ein Nilpferd mit einem zähen Leben, erst kommt die dicke Haut, dann kommt die Speckschicht, durch die es im Wasser schwimmen kann, dann kommen die riesigen Fleischmassen und dann erst kommt die Substanz. Und von allem anderen abgesehen ist meine Arbeit [...] nicht nur ein solches Glück, sondern nach meiner festen Überzeugung auch eine so ernste objektive Verpflichtung, dass nichts Privates mich unterkriegen könnte."

Mit dem Privaten meinte Adorno in diesem Steckbrief vom 10.02.1943 aus Los Angeles an die Mutter in New York „etwas Erotisches", das weder seine Arbeitsdisziplin noch seine Ehe mit Gretel gefährden könne. Der Stolz auf die dicke Haut und die Speckschicht, das „embonpoint", das 1967 als Entschuldigung dafür herhalten muss, dass Adorno nicht mit seinen jungen Studenten gegen die Notstandsgesetze demonstrieren will oder vielmehr kann, verweist auf eine allgemeinere Unempfindlichkeit. Gerade Adorno, der in ästhetischen Fragen immer wieder seine Idiosynkrasie herausstrich, seine „spitze Zunge", wie Günter Grass abschätzig meinte, fühlt wenig, wo andere den Gaumenkitzel spüren.

Erschreckend wie grau und mau seine Bemerkungen zum Essen ausfallen: „... aus dem Fleischextrakt haben wir, genau nach dem Nilstutenrezept, Bouillon mit Ei gemacht, und sie hat uns wirklich vorzüglich geschmeckt. Sie half uns, die Reste eines Turkeys, die sich über mehr als eine Woche dehnten, ohne ennui zu verzehren."

Adorno mag ausgerechnet Fleischextrakt, die Quintessenz der industriellen Nahrungsmittelproduktion. Kaum zu glauben, der Philosoph, der sich in der Theorie für die Liebe zum Besonderen als Ursprung der wahren Erkenntnis einsetzte, der vor der Einebnung der Differenzen warnte, entschied sich in der Praxis für Fleischextrakt, um den besonderen, möglicherweise auch faden Geschmack des Truthahns zu übertünchen. Adornos Übervater und Chef Max Horkheimer kritisierte 1956 die „Bürgerliche Küche" folgendermaßen: „Der Prozeß der Zivilisation kann am kulinarischen Geschmack beobachtet werden. Infolge der künstlichen Produktionsmethoden in Landwirtschaft, Metzgerei, Küferei werden die starken Speisen, die Unterschiede abgeschliffen – ganz wie auf anderen Gebieten. So wie heute Spargel ähnlich einer Erbse schmeckt, nimmt auch, infolge der Manipulationen, der eigene Geschmack des Schinkens oder der Wurst ab, der Salat, die Kartoffel büßen von ihrem spezifischen Aroma ein."

Und dann die Pointe: „In 'Heinz Beefsoup' aber ersteht die Wesenheit des Ochsen, das Allgemeine, die 'Idee' des Schmauses, in der das Besondere untergeht."

Ob nun Adorno in Los Angeles genau diese Beefsoup von Heinz oder noch Maggis Brühe gegessen und gemocht hat, geht aus seinem Brief an die Mutter nicht hervor. Als typisch deutsch – höchstens noch österreichisch – erweist sich Adornos Einstellung zum Fleisch in jedem Fall. Es darf nicht bluten, seine Herkunft zeigen, sondern sollte versteckt sein als Bratenstück, überdeckt mit einer Soße. Seine Lieblingsspeise war seit seiner Kindheit, seit seinen Glücksgefühlen im Hotel „Zur Post" im fränkischen Amorbach, ein Rehbraten in Rahmsoße. Der Rahm indessen dient dazu, den scharfen Wildgeruch, das „faisandé“, des Rehs zu überdecken. Das Obszöne der Jagd, die Grausamkeit, mit der das Wild getötet wird und ausbluten muss, verschwindet in der Krustenform des durchgebratenen Stücks. Adorno mochte Wildbraten, vom Fasan, von der Ente, vom Reh, aber bitte mit Sahne.

Vom Besonderen wird abgelenkt und abstrahiert, so sieht die schlechte Wahrheit von Adornos Geschmack aus. Und auch die Sprache verrät den Esser: „an Datteln hab ich mich überfressen“, bekennt er einmal seiner Mutter. Ein anderes Mal kündigt er ihr eine Feier zum 50. Geburtstag an: „Wir feiern ihn gemeinsam in Heidelberg, bei Pfälzer und (hoffentlich) gutem Fraß.“ Wer so das Essen verhunzt, missachtet es und muss Magengeschwüre bekommen, wie Adorno.

Henscheid, Demski, Mosebach und der Segen des Elendstrinkens

Jürgen Roth

Essen in Hessen, das ist ein trauriges, ein finsteres Kapitel. Vor zwei Jahren fand der Schriftsteller Michael Rudolf zu dem durch und durch unerquicklichen Thema in einer ethnologischen Analyse in der *taz* die notwendigen und zugleich einleuchtend abschließenden Worte. „Zwischen den Legovillen in Bad Homburg und den Spielplätzen und -salons in Wiesbaden, selbst in der Betonscheißeglasansammlung, in der ihnen [den Hessen; J. R.] bisher am ehesten gelungen ist, eine mitteleuropäische Großstadt zu simulieren, in Frankfurt am Main, finden wir nachweislich kein Lokal, wo eine Speise gereicht würde, die auch nur schüchtern an die Pforten der Genießbarkeit klopft", schrieb Rudolf und wandte sich dann von Grüner Soße, Handkäs' sowie den „Frankfurter Sponti-Würstchen" und „Rippschemitkrautjunkern" voller Grausen ab.

Nicht viel besser ist es in Hessen um die flüssige Nahrung bestellt. Über den sog. Äbbelwoi möchten wir uns aus juristischen Gründen nicht äußern. Die Milch aus Hessen, gut, die darf als soweit i. O. gelten und weiterhin genehmigt werden, aber in Fragen des Bierbrauens hätte, seien wir ehrlich, längst der Europäische Gerichtshof einschreiten und das ganze Treiben unterm Kainszeichen von Binding, Licher & Co. zu deren und unserem Frommen beenden müssen.

Das alles heißt indes nicht, dass in Hessen, obwohl es ausgesprochen nachvollziehbar wäre, weder getrunken noch gegessen wird. Nein, der Hesse lässt sich in Sachen Völler- und Sauferei nicht lumpen. Insbesondere den Verzehr alkoholischer Flüssigkeiten betreibt er mit Verve und Hartnäckigkeit, ungeachtet dessen, dass die geistigen Getränke, die er per Tresenorder oder sonstwie zu sich ruft, zu den minderwertigsten unter den inferioren Reproduktionsprodukten zählen.

Eine besonders anmutige Form nahm der Brauch der ziellosen Berauschung vermittels Bier und Schnaps gegen Ende der achtziger

Jahre im Umfeld der „Titanic“ an. Eckhard Henscheid war der Initiator des so genannten Elendstrinkens, einer von Henscheids Frankfurter Wohnung im Dichterviertel ausgehenden Prozession von einer, wie Achim Greser erzählt, „ambulanten Getränkestation“ zur nächsten, wobei die Konsumtionsregel besagte, dass an jeder Bude, die zwischen Eschersheim und dem Zielpunkt der Rallye – dem mittlerweile geschlossenen Stammlokal der „Titanic“, dem „Horizont“ im Nordend – am Wege lag, pro Person nur ein Gebinde gezischt werden durfte. Andernfalls hätte die Gefahr vorzeitiger Erschöpfung bestanden, denn ausgelassen wurde keine einzige Versorgungsstation, weder der vergammeltste Hot-dog-Kiosk noch das unscheinbarste Wasserhäuschen.

Zwar ist das Wasserhäuschen als spezifische Frankfurter Sozialinstitution ein meist ausnehmend lauschiger Ort, an dem sich das voraussetzungs- wie schrankenlose Gespräch quasi naturwüchsig mit dem jenes meisterlich anschiebenden und akzelerierenden Suff vermählt, doch kam während der Elendstrinktouren in den neunziger Jahren vor allem der Tankstelle eine herausragende Bedeutung zu, da sie, wie Henscheid später zurückschaute, dazumal spätmodern-symptomatisch „die Funktion der alten Dämmerschoppenpinte, ja sogar da und dort die des alten Feierabendtreffs unter der Dorflinde“ übernommen hatte.

Tempi passati. „Veränderung gleich Verschlechterung“, heißt es bei Joseph Heller. Tankstellen, zumal in Wohnviertel integrierte, sind aus Frankfurt weitgehend verschwunden. Der Verlust dieser immanent heterogenen, idyllischen Lokalitäten, an denen sich „die hochtechnologische Welt einer würzig duftenden Tanksäule mit dem trauten Bierflaschenöffnungsplopp“ (Henscheid) mischte, wiegt schwer – versöhnten sie doch als Refugium der Aufhebung von Entfremdung realsymbolisch den hektisch-mechanischen Orbit der Straße mit dem abgeschieden-abgeschlossenen, luzide lichten Soziotop der klassenlosen Kneipengesellschaft.

Elendstrinken, das hatte nichts mit Verelendung zu tun (auch wenn es einem tags drauf, nach einer fünf- bis achtstündigen Rumbummelei, mitunter durchaus elend zumute war). Statt die eigene Depravation zu forcieren oder die desperate Lage der an Wasserhäuschen und Imbissbuden gewohnheitsmäßig aufhältigen Outcasts mitleidig zu beäugen, standen die mäandernden, von keinem Zwang im Kulturbetriebsgewürge strangulierten Großplaudereien im Mittelpunkt, die nicht selten in rhetorischen Tumulten mündeten – bzw. in Verbrüderungen zwischen Schriftstellern, Zeichnern, Publizisten einerseits und den Arbeitern der Faust andererseits, als z.B. einmal – und ausgerechnet am Johannistag – ein zwar schon schwer angeschlagener, aber hoch aufmerksamer Zechmeister aus den Reihen der industriellen Reservearmee an einem Wasserhäuschen in Bornheim gemeinsam mit Eckhard Henscheid Arien aus Wagners „Meistersingern" zu intonieren begann, und zwar textsicher und auf beachtlichem Niveau.

Im Laufe der Jahre wuchs die Zahl derer, die am Elendstrinken partizipierten, das nunmehr stationär entweder in Bornheim oder bevorzugt im „Garten" der Pizzeria „Rossi" in der Raimundstraße ins Werk gerichtet wurde, stetig; über den „Titanic"-Kreis hinaus nahmen schließlich unregelmäßig diverse couponabschneidende Weinspezialisten, irgendwie assoziierte Freiberufler, Frankfurter Preisdichter wie Eva Demski und Martin Mosebach, FAZ-Redakteure und nicht zuletzt hr2-Mitarbeiter teil. Der „Pizzeria Imbiss bei Rossi", „diese weißlich chaletartige Ex-Tankstelle" (Henscheid), sollte, als habe das Ende auf den Anfang naturkreislaufgleich zurückzuverweisen, der – vorerst – letzte Locus amoenus sein, an dem die informelle Truppe der Elendstrinkenden zusammenkam. Denn seit Eckhard Henscheid seine Frankfurter Wohnung aufgegeben hat, ist es leider mit einer Sitte vorbei, die robuste Kulinarik und Krawallkultur himmlisch profan und aufs heilloseste in einem ziemlich einzigartig bukolisch-burlesken Hybrid-Tohuwabohu miteinander verzwirbelte.

Wer der hiesigen Zeugenschaft keinen Glauben schenken mag, sei zum Beschluss auf einen Augenzeugenbericht aus der „Titanic" 10/2003 verwiesen: „'Sehr schön ist es übrigens', sagte der schlanke und soignierte Poet Martin Mosebach einmal am Tisch der Bornheimer Bierwirtschaft 'Zum Alten Schlagbaum', während er genüßlich grinsend den letzten Bissen einer XXL-Rindswurst aufspießte, 'nachts aufzustehen und drei Teller Spaghetti mit Butter zu essen.'"

„Pizzeria Imbiss bei Rossi" in Frankfurt-Bornheim

Ungläubig schauten ihn daraufhin zwei Berufskollegen an, denn der dünne Herr Mosebach hatte zuvor am Wasserhäuschen, wo man gewöhnlich ausschließlich Bier und Korn zu sich nahm, bereits zwei Maxitüten Brezeln und eine Partypackung Knuspergebäck verzehrt.

Vom Glauben an die Biologie nun vollends abgefallen, beschlossen die beiden daher, dem nimmersatten Mosebach heimlich ein weiteres Gericht zu bestellen und dann zu beobachten, ob er dieses auch noch packe. Man einigte sich flüsternd auf ein Rahmschnitzel mit Bratkartoffeln, erwirkte bei der Bedienung in diskreten Verhandlungen an der Küchendurchreiche wegen der fortgeschrittenen Stunde indes nur eine weitere, dafür jedoch 'doppelte' Rindswurst.

Wenige Minuten später stellte das Fräulein, ohne die Rede des Dichters Mosebach zu unterbrechen, einen Teller mit zwei prallen Rindswürsten vor dem Mann mit Seidentuch und Sakko ab. Herr Mosebach senkte kurz den Blick, griff zu Messer und Gabel, schnitt die erste Wurst an und fragte: 'Wo war ich grad stehengeblieben?'"

Versuchung in Hüfthöhe
Im Café Maldaner, Wiesbaden

Dieter Sdun

„Bitte nur einzeln einzutreten", bittet mich ein altmodisches Schild an der Drehtür. Eine erste Warnung. Denn als mir bei der zweiten Umdrehung auffällt, dass diese kreisrunde Drehtür einer Torte gleicht, die in vier große Stücke aufgeteilt ist, spüre ich schon die Lust in mir. Aber: Eine Viertel Torte, das wären vier Stücke, nein, das geht nicht, das lasse ich mir nicht durchgehen. Da muss ich dem Stück, das gleich vor mir stehen wird, sagen: Bitte nur einzeln einzutreten.

Das Café ist so voll wie eine volle Pralinenschachtel, kein Wunder an diesem regenkalten Mittwochnachmittag. Und doch finde ich im hinteren Teil ein freies Sofa samt Tischchen davor. Als hät-

Begegnung auf Hüfthöhe

ten sie auf mich gewartet. Ich zwinge mich, nicht sofort zur Kuchentheke zu gehen und bestelle erst einmal einen Kaffee.

Ergraute Damen, die ihre Pelzkappen aufbehalten haben, suche ich vergebens. Hier trägt jede ihre unsterbliche Dauerwelle offen. Aber ich sehe nicht nur Omas, sondern auch Fliegerjacken, Blondinen, Tätowierte, Anzugträger und Menschen mit Migrationshintergrund. Ein gut gefüllter Rock streift an meinem Tischchen vorbei und strebt eilig der Kuchentheke zu. Als er zurückkommt, um zwei Tische weiter wieder Platz zu nehmen, hat er an Ruhe und Selbstgewissheit merklich zugenommen.

Eine Notiz neben meinem Sofa klärt mich auf, dass ich auf einem historischen Kanapee aus Ober-Österreich sitze. Beschützt vor der Welt draußen durch getäfelte Wände und gestreifte Tapeten, umgeben von Häkeldeckchen, vergilbten Stichen und üppigen Vorhängen, sitzt man hier wie in einem 100 Jahre alten Wohnzimmer, in dem allerdings reichlich viele Gäste zusammengekommen sind. Die gesammelten Gespräche sind gleichzeitig laut und nicht zu verstehen. Dieses Gemurmel schluckt jedes andere Geräusch. Das Zischen der Espressomaschine ist besser zu sehen als zu hören, ebenso wie der Klang der Kuchengabeln auf den Tellern. Die unvermeidliche Hintergrundmusik spielt nur für sich selbst.

Dann kann ich nicht mehr. Vor der Kuchentheke gehe ich auf und ab wie ein Hund, der gleich aus seinem Zwinger darf. Verlegenheit, Betretenheit, Unentschlossenheit. Das Kinn wird langsam wund. Fast schäme ich mich beim Blick auf das Angebot. Es ist wie in einer Peepshow, nur dass die Kuchen still liegen und mir beim Zusehen noch die rätselhaft schlanke Frau hinter der Theke zusieht.

Käse-Mohn, Käse-Kirsch, Käse-Mandarine, Käse-Sahne, Himbeer-Sahne, Stracciatella-Sahne, Sacher mit Sahne, Orange, Nougat, Schwarzwälderkirsch, Schoko-Pudding-Creme, Pralinen-Creme, Mandelsplitter-Creme, Vanille-Mokka-Mousse-Creme mit Marzipan. Angeschnitten, aufgeschnitten, zurechtgeschnitten. Schichten der Sünde. Und darunter ein mürber Boden als Fundament. Das bin ich. Man begegnet einer Torte nicht auf Augenhöhe. Sie präsentiert sich auf Hüfthöhe. Genau dort, wo sie bleiben wird.

Endlich die Entscheidung. Sacher, wie immer. In das Glück der Vorfreunde mischt sich Enttäuschung: Was ich damit alles ausgeschlossen habe. Ich sehe das Messer, das mein Stück vom Ganzen abtrennt. Geführt wie von einer griechischen Parze, die meine Lebenszeit abmisst. Wie viele Stücke mir die Götter wohl zugeteilt haben?

Auf dem gelben Kuchenbon, mit dem ich an meinen Platz zurückgehe, steht eine 8. Als die Bedienung kommt, um mir den Bon abzunehmen, habe ich ihn zusammengerollt wie ein Zitronenröllchen. Es vergeht eine Ewigkeit, bis dieses papierne Zitronenröllchen sich in ein Stück Sachertorte verwandelt und vor mir steht.

Wie die Kuchengabel langsam in die Torte sinkt. Schicht um Schicht. Schon nach dem ersten Bissen spüre ich, wie groß die Leere nach dem letzten sein wird. Wenn ich Kuchen esse, dann nicht, weil ich Hunger habe. Es ist keine Nahrungsaufnahme, es ist zweckfreier, reiner Genuss. Wie Sex. Nur dass es beim Sex einen Orgasmus gibt, der mir wie nach einem guten Schnitzel zuflüstert: Du bist jetzt satt. Und müde.

Wann und warum aber sollte ich mit dem Kuchen essen aufhören? Wenn ich vorher keinen Hunger hatte, kann ich hinterher auch nicht satt sein. Ich höre auf zu essen, nach einem Stück, weil sich das so gehört. Das habe ich schmerzhaft gelernt. Mit jedem Stück Kuchen durchlebe ich noch einmal den Prozess der Zivilisation. Bis zum Ende.

Zwischen der Damen- und der Herrentoilette steht eine Personenwaage. „10 Pfg.-Stück einwerfen, Hebel ziehen und loslassen. Ruhig stehen!“ Ich stehe ruhig und sehe auf einer Tabelle, dass ein Mann, der 1,86 Meter groß ist, 91,6 Kilo wiegen darf. Für eine Frau von 1,60 Meter sind lediglich 54,8 Kilo zulässig.

Ich stelle mich auf die Waage und rechne nach, dass zu der Zeit, als es noch 10 Pfg.-Stücke gab, die 91,6 Kilo für mich erreichbar waren. Als ich von der Waage wieder heruntersteige, sehe ich, dass sich vor der Damentoilette eine Schlange gebildet hat.

„Die Waage ist kaputt“, sagt eine untersetzte Frau, der man ansieht, dass sie nicht zum ersten Mal hier ist.

Eine Frau von 1,60 Meter darf nur 54,8 Kilo wiegen. Aber das sage ich ihr nicht. Ich gehe. Bei dem Versuch, die Kuchentheke zu ignorieren, fällt mir ein weiteres altmodisches Schild auf: „Hunde bitte an kurzer Leine zu führen". Mein Herr ist die Drehtür, denke ich, erlaube mir aber eine Ehrenrunde, um einen letzten Blick auf die Torten werfen zu können. Wie dünn wäre mein Leben ohne euch, flüstere ich, bevor die Drehtür mich endgültig nach draußen befördert.

Verkosten

Ein heißer Auszug von Fleisch
Die „Liebig Extract of Meat Company"

Utz Thimm

Auch wenn es in allen Lexika so steht: Liebig hat den Fleischextrakt nicht erfunden. Lange bevor er überhaupt geboren wurde, erzeugte die britische Herrschaft über die Weltmeere große Mengen an Fleischextrakt. Zu Nelsons Zeiten hatte jeder Matrose der Kriegsmarine wöchentlich Anspruch auf vier Pfund Rindfleisch und zwei Pfund Schweinefleisch. Dahinter stand eine immense Logistik, denn das Fleisch wurde eingepökelt auf die Schiffe geliefert. Für 1797 ist beispielsweise nachgewiesen, dass 23.000 Ochsen und 115.000 Schweine durch die Schlachthäuser des Marine-Proviantamts wanderten. Und natürlich blieben dabei Abfälle übrig.

Eine Mrs. Dubois hatte bereits 1756 eine Verwertungsmöglichkeit für das Beinfleisch – das nicht genügend große Stücke für die Schiffsverpflegung ergab – gefunden. Sie ließ es mitsamt der Markknochen einige Stunden lang simmern, seihte die Brühe ab und presste den Rückstand aus. Dann würzte sie mit Sellerie, Pfeffer, Knoblauch und Thymian und kochte die Brühe so lange ein, bis ein fester Extrakt übrig blieb. Ihr Produkt nannte sie „portable soup" .

Mit kochendem Wasser übergossen ergab eine Unze dieser „tragbaren Suppe" gut einen Liter schmackhafter Fleischbrühe. Mrs. Dubois sowie eine Kollegin mit dem schönen Namen Mrs. Cookworthy schlossen einen Vertrag mit dem Proviantamt, das ihnen Beinfleisch und Markknochen überließ. Ihren Fleischextrakt lieferten die geschäftstüchtigen Frauen an Armenhäuser und Krankenanstalten.

In Frankreich entwickelten 1821 die beiden Chemiker Louis-Joseph Proust und Antoine-Augustin Parmentier ebenfalls eine Methode Fleischextrakt herzustellen. Liebig beschäftigte sich dagegen an der Universität Gießen erst 1847 mit der Analyse von Fleisch. Dabei kam er zu dem Schluss, dass der wesentliche Nährwert in den löslichen Bestandteilen des Fleisches liege und nicht im festen

Gewebe, wie es beim Kochen zurückbleibt. Zugespitzt ausgedrückt: Das Wichtigste an einem Braten war nach seiner Ansicht die Bratensoße. In seiner Veröffentlichung bezog sich Liebig ausdrücklich auf Proust und Parmentier und empfahl ihr Verfahren. Nach diesem Rezept stellte die Münchener Hofapotheke ab 1848 einen Extrakt aus Rindfleisch her. Das Verfahren war also allgemein bekannt, und Liebig hat nie etwas anderes behauptet.

Auch andere Apotheken vertrieben selbst hergestellten Fleischextrakt als Stärkungsmittel für Kranke. Vielleicht wird er deswegen gelegentlich mit „Fleischinfusum" verwechselt, das Liebig in einer verzweifelten Notlage entwickelt hat. 1853/54 hatten die Liebigs eine englische Austauschschülerin zu Gast, die schwer erkrankte. Sie drohte zu verhungern, weil sie keine Nahrung mehr annahm. In dieser entsetzlichen Situation versuchte Liebig, den Verdauungsprozess nachzubilden. Er hackte Hühnerfleisch, ließ es in kaltem Wasser stehen und setzte schließlich etwas Salzsäure zu, um die Wirkung der Magensäure zu simulieren. Wahrscheinlich litt die Schülerin an Typhus, bei dem diese vorverdaute Nahrung zusammen mit reichlicher Flüssigkeitszufuhr genau das Richtige war. Das Mädchen wurde jedenfalls wieder gesund.

Fleischextrakt ist dagegen ein heißer Auszug von Fleisch, bei dem am Ende ein fester Extrakt steht. Die Idee, damit ein Geschäft in großem Rahmen aufzuziehen, kam Georg Christian Giebert. Der Eisenbahningenieur hatte in Südamerika gearbeitet und am Rio de la Plata die riesigen Rinderherden gesehen, die nur wegen ihrer Häute geschlachtet wurden. Eine Kühltechnik, um das Fleisch nach Europa zu exportieren, existierte noch nicht, sodass Giebert in Fleischextrakt die perfekte Lösung sah, um das Fleisch zu nutzen. 30 Kilogramm Rindfleisch ließen sich so zu einem Kilogramm Extrakt reduzieren.

1862 trat Giebert an Liebig heran und gründete mit seinem Einverständnis die „Liebig Extract of Meat Company". Der Namensgeber erhielt einen Direktorenposten und zwei Prozent Beteiligung. Vor allem das geschickte Marketing mit Sammelbildern, Tischkarten und Haushaltskalendern machte „Liebigs Fleischextract" schnell populär. Die berühmteste deutsche Kochbuchauto-

Werbung für „Liebig Company's Fleisch Extract"

rin, Henriette Davidis, verfasste ein Kochbuch rund um den Extrakt. Der Meister persönlich schrieb zahlreiche Zeitungsredaktionen an, um für seinen Fleischextrakt zu werben, schickte Proben an bekannte Persönlichkeiten und an Hotels.

Die weiße Büchse mit dem blauem Liebig-Schriftzug war eines der ersten Markenprodukte in einer Zeit, in der Lebensmittelverfälschungen noch an der Tagesordnung waren. Gerade weil Liebig seinen Namen mit diesem Produkt verbunden hatte, ließ er regelmäßig Proben im Labor analysieren. Hier liegt der Ursprung eines neuen Arbeitsgebiets für Chemiker, die Lebensmittelüberwachung.

Liebig glaubte wohl ernsthaft daran, dass sein Fleischextrakt ein hochwertiges Nahrungsmittel sei. Doch genaue Analysen ergaben, dass kein Nährwert nachweisbar war. Der Namensgeber hat diese Tatsache erst im Alter widerwillig anerkannt, als auch noch sein Freund Max Pettenkofer die Ergebnisse bestätigte. Das Marketing musste umgestellt werden: Liebigs Fleischextrakt wurde nun nicht mehr als Nahrungsmittel, sondern als Genussmittel – vergleichbar mit Tee oder Kaffee – angepriesen.

Fleischextrakt war die erste Unternehmung, mit der Liebig richtig Geld verdiente. 1871 vertraute er einem Schwiegersohn an, dass er daraus mehr einnahm als aus allen anderen Tätigkeiten zusammengenommen. Bis dahin war Liebig an fast jedem seiner geschäftlichen Projekte – Silberspiegel, Backpulver, Mineraldünger – gescheitert. Auch einen Kaffee-Extrakt hatte er nach dem Vorbild des Fleischextrakts herzustellen versucht, der aber nach eigenem Eingeständnis scheußlich schmeckte. Liebigs Fleischextrakt jedoch wurde endlich zu dem ersehnten Erfolg, nicht durch sein unternehmerisches Geschick, sondern weil andere seinen Namen für werbewirksam hielten. Noch heute bietet ihn „Manufactum“ im Katalog an: das 100-Gramm-Töpfchen für stolze 24,90 Euro.

Kampfplatz des Heißhungers
Best Worscht in Frankfurt

Martin Maria Schwarz

Der Mond ist längst erobert. Die Mauer lange gefallen. Auch Dolly schon geklont. So ist es dokumentiert, in Schrift und Bild. In Frankfurt, am Grüneburgweg. Sauber auf Plakatwänden aufgezogen, bezeugen Poster die Etappen der menschlichen Zivilisation, die politischen Leistungen, die technischen Fortschritte, die großen Erfindungen. Der PC? – ist bereits erfunden. ABS? – ebenso. Mit jedem Bild wird das Gesicht länger, wächst die beklemmende Einsicht: Es gibt keine Herausforderungen mehr, es ist alles vollbracht, die Schlachten sind geschlagen. Zurück bleibt nur mentale Erschlaffung.

Doch just in dieses Erlöschen der Antriebskräfte hinein wecken Geräusche den müden Geist, der keine Aufgabe mehr vor sich zu haben glaubte. Geräusche, die aus der unmittelbaren Umgebung dieses Bretterverschlags kommen. Es sind schwitzende Geräusche, die sich nach immensen Kraftanstrengungen anhören, manchmal auch nach Wehklagen. Es sind die Laute von Menschen, Männern vornehmlich, die anscheinend Außergewöhnliches leisten, hier inmitten von Frankfurt, im Westend, wo die Stadt besonders urban wirkt, an einem Ort, der eigentlich harmlos aussieht, mit einer Postbankfiliale gegenüber, einem Thai Express und „Karolas Miniladen“ nebenan.

Gibt es hier doch noch unentdecktes Land, Kräfte, die zu zähmen, Widerstände, die zu brechen sind? Aber wie das? Das, was sich dem Auge hier darbietet, sieht lediglich aus wie eine Imbissbude, ist auch eine, eine bunt bemalte Blechkiste, mit Theke und einem Fenster, aus dem eine kleine Frau herauslugt. Vor ihr eine riesige Menschenschlange. Aber warum gibt es vor Imbissbuden Menschenschlangen? Heute? Wo auf einem simplen urbanen Quadratkilometer mindestens eine Stehpizzeria, eine Bäckerei, ein Suppenstudio und ein Burgerrestaurant ebenfalls das leisten, was eine Imbissbude zu vollbringen hat, nämlich den Mittagshunger auf unkomplizierte Weise zur Ruhe zu bringen. Es kann also keinen hinreichenden Grund geben, sich in eine Schlange zu stellen, die sich dazu noch so langsam wie eine Schildkröte bewegt.

Der Anlass für diesen Andrang wirkt bei Nähertreten zunächst bescheiden. Auf dem Grill liegen Würste, schlichte Grillwürste, rot schmurgelnde Rindswürste und blassbraune Bratwürste. Gut, die Wurst ist die Einheitswährung der Menschheit, kein Land, keine Kultur, kein Kontinent, die nicht die Form des durchpassierten Schweins oder Rinds im Darmmantel zu irgendeinem Höhepunkt getrieben hätten. Wurst wirkt magnetisch, Wurst geht immer. Doch hier am „Snack Point“ in Frankfurts Stadtmitte, bei „Best Worscht in town“ (so der anglo-hessische Slogan) geht es um mehr als nur um die Wurst, obwohl diese hier mit ihrer knackigen Konsistenz und der aromatischen Würze zweifellos über Klasse verfügt.

„Hey! Ihr könnt die Leute am Grill ruhig beschimpfen, wenn es zu langsam geht. Ihr könnt sagen: Ihr miesen Worscht-Dealer!“ Die wartende Menge lacht, lacht über Lars Obendorfer, den hünenhaften Mann mit den lustigen Augen und dem blonden Kamm auf dem Haupt, der sich das Szenario aus der Entfernung

Tausende, hunderttausende Scoville

anschaut. Lars Obendorfer ist der Chef des „Snack Point“ und sorgt dafür, dass die Stimmung in der Menschenmenge erwartungsfroh bleibt. Und Lars Obendorfer ist noch mehr, er ist ein psychologischer Stratege, der erkannt hat, dass der Mensch des 21. Jahrhunderts neue Herausforderungen braucht. Andere als derjenige des vorangegangen Säkulums, bei dem das Adrenalin erst angesichts von berstenden Mauern oder der Erfahrung des mobilen Telefonierens durch die Adern schoss. Der Mensch des 21. Jahrhunderts ist subtiler, sucht die Herausforderungen, die im Inneren liegen, wo doch der Kampf mit der äußeren Natur gewonnen ist. Und deswegen sind sie hier, die Banker und Biker, die Immobilien- und Börsenmakler, die im Leben wieder den Kitzel spüren wollen, den Kitzel, der ihnen Schmerzrezeptoren an Gaumen und Magenwänden bereiten und der in Scoville gemessen wird. Hunderte, Tausende, Hunderttausende Scoville werden hier bewältigt. Darum dreht sich hier alles am „Snack Point“ in Frankfurts Mitte, die Wurst ist nur das Medium. „Tabasco besitzt zwischen 2- und 3tausend Scoville“, erklärt Lars Obendorfer. Was bedeutet, dass es zwei bis dreitausend Tropfen Wasser bedürfte, um einen Tropfen Tabasco zu neutralisieren. „Meine schärfste Sauce hat um die 650tausend Scoville.“ 650tausend – allein diese Zahl strahlt eine Autorität aus, gegen die sich Zahlenkollegen wie 8.881, die Höhe des Mount Everest oder 10.631, die Geschwindigkeit des schnellsten Überschallflugzeugs kümmerlich anhören. Und dann noch Scoville, eine Maßeinheit voll von exotischem Klang, gegen die Begriffe wie Meter oder Stundenkilometer geradezu bieder wirken. Freilich geht es am „Snack Point“ diskret zu. 650tausend Scoville werden in der dem Stand eigenen Diktion einfach nur mit „F“ gekennzeichnet. „Bei ’F‘ betrittst Du eine andere Galaxie“, sagt Christian, ein Mitarbeiter von Lars.

„Bei ’E‘, so ergänzt Lars Obendorfer, „ist es so, als würde die Zunge an glühendem Eisen lecken. Und bei ’D‘ hake ich schon mal nach und sage, das könnte zu Ohnmacht führen, willst Du das wirklich?“ Schon bei „C“ aber fragt Christina, ebenfalls am Grill tätig, mit einem zwischen Fürsorge und Misstrauen schwankenden Blick, ob man gut gefrühstückt habe? A B C D E F – das mögen die ersten Buchstaben des Alphabetes sein, hier am Grillstand verwandeln sie sich in das Versprechen einer dramatischen kulinarischen Erfahrung bzw. deren Androhung.

Seit 1970 existiert diese Würstchenbude an Ort und Stelle in nahezu unveränderter Gestalt. Aber erst seit Lars Obendorfer seine Eltern am Stand beerbte, hat es sich in diesen Kampfplatz des Heißhungers verwandelt. Das ist wissenschaftlich bewiesen, denn Chili – und nichts anderes lauert heimtückisch in den servierten Saucen – verfängt sich genau an jenen Rezeptoren an Zunge und Gaumen, die dem Gehirn reale Hitze melden. Das liegt an Capsaicin, der Brennzelle der Chilischote, und Capsaicin beißt zurück, um es freundlich zu formulieren, Verbrennungsschmerzen löst es aus, würden Mediziner sagen. Lars Obendorfer zeigt auf die Fläschchen mit den Saucenextrakten, die die Grundlage allen Tuns bilden. Es sind Fläschchen, deren Namen defensiven Menschen Angst einjagen, allen anderen von der Größe der Tat erzählen, die vor ihnen liegt. „Vicious Viper", „Mad Dog Revenge" „Da Bomb final answer", auf den Etiketten gaffen einen Fratzen mit aufgerissenen Mündern an, geschmückt von putzigen Totenköpfchen. „Use at your own risk", steht gar nicht so klein im Kleingedruckten. Aber genau das ist es ja. Der Mensch will nichts umsonst, auch nicht am „Snack Point", schon gar nicht hier. Von Schluckauf über Ohrensausen, Schwindelgefühlen, kurzzeitigen Atemlähmungen bis zu Ohnmacht – Lars Obendorfer zählt alles auf, was der menschliche Organismus möglicherweise zu erdulden hat, bis er von sich sagen kann, er habe C D E oder gar F bewältigt. Der Ansturm auf seine „Old school Bude" hat den Chef nicht nur dazu ermuntert, ein kleines Imperium aufzubauen, mit Filialen in Darmstadt und Paderborn, also Orten, wo die Menschen besonders hart von Ereignislosigkeit betroffen sind, sondern alljährlich auch einen Chili-Contest auszurichten. Einen Wettbewerb, bei dem die Härtesten gegeneinander antreten, um die lodernden Flammen in die Knie zu zwingen, vor hunderten von Schaulustigen, Unmengen von Kakaopäckchen (Milchprodukte lindern die Schmerzen) und einem Notarztwagen. „Wer da mitmachen will, muss vorher gezeigt haben, dass er 'D' verträgt."

Und in der Endrunde geht es schließlich darum, hintereinander Puddinge und Currywürste mit Schärfegraden von 'B' bis 'F' zu verzehren", erläutert Obendorfer, der Mann, dem es gelungen ist, dem Leben der Menschen wieder Sinn und Horizont zu geben. Denn wer es hier schafft zu bestehen, den schreckt nichts mehr: weder Erderwärmung, die hat er nämlich am eigenen Leib schon durchgespielt, noch steigende Energiekosten. Denn wer hier war, bei „Best Worscht in town", der schärfsten Currywurstbude Deutschlands, glüht noch lang nach.

Geronnene Streuobstwiesen
Von der Unverwässerbarkeit unseres Stöffchens

Alf Haubitz

Der Angriff kam aus Brüssel. Ausgerechnet jene Stadt, in der das Bier in Strömen und in absurden Geschmacksrichtungen fließt, war Ausgangspunkt einer der schwersten Attacken, die Hessen in seiner Geschichte erlebt hat. Ziel war der Apfelwein: Das hessische Nationalgetränk, das Lebenselexier der Eingeborenen und vieler Eigeplackter, der Treibstoff der Leute von Hibbdebach und Dribbdebach, die goldgelb geronnene Streuobstwiese. Die Endsilbe „-wein" störte die Kommissare der Europäischen Union. Das hessische Getränk dürfe fortan nicht mehr so heißen, denn Wein bestehe nun einmal aus Trauben – und nicht aus Äpfeln.

Ein Aufschrei ging durchs Hessenland, der Untergang des Abendlands drohte, nein schlimmer: Brüssel wollte uns unser Stöffche wegnehmen!

Otto Rumeleit wohnte und wirkte in der Eulengasse 46 im Frankfurter Stadtttteil Bornheim. Der Wirt der Apfelweinwirtschaft „Eulenburg" war vielleicht der letzte seiner Zunft, die Instanz in Sachen Apfelwein. Der große Mann mit dem kahlen Kopf machte alles selbst, ließ sich nicht reinreden. Ab Oktober brummte seine Kelter bis in die Nacht. Nur er wusste, welcher Süßer wie zum Rauscher und dann zum Alten vergoren wird, wie viel – oder besser wie wenig bittersaurer Speierlingmost hinzugegeben werden wollte, auf dass der Apfelwein trinkbar, haltbar und kristallklar werde.

Rumeleit war zeitlebens stolz auf sein Produkt – und er hat sich immer dagegen gesträubt, dass sein Apfelwein verwässert wird. Wer in seinem Lokal einen „Gespritzten" bestellte, dem knallten seine Kellnerinnen wortlos eine kleine Flasche Sprudel neben das bis zum Rand gefüllte 0,3er-Glas Apfelwein oder den Bembel. Wer aus Unkenntnis oder Unverfrorenheit gar einen „Süßgespritzten" verlangte, erhielt die Höchstrafe: Die gerade unter Zugewanderten beliebte Mischung aus Limonade und Apfelwein provozierte Keltermeister Rumeleit so sehr, dass der Baum von Mann in seiner Schürze persönlich den Platz hinter der Theke verließ und am Tisch erschien: „Apfelbrause wollter? Des lehne mir ab!"

Otto Rumeleit starb 1999 – und mit ihm einer der letzten Aufrechten. Mit seinem Büchlein „Alt-Bernem zappt" wurde er zum Chronisten der Apfelweinkneipen seines Stadtteils, kurzum: Er lebte seine Theorien über Fruchtsorten, Gärmethoden und Reinzuchthefen und tat, was jeder richtige Hesse im Grunde seines Herzens tun will: Eigenen Apfelwein machen, probieren und ausschenken.

Die Methode, heruntergefallenes Obst auszupressen, den Most sich selbst zu überlassen und sich nach ein paar Wochen mit dem Produkt zu betrinken, ist wahrscheinlich so alt wie die Menschheit selbst. Und wo es viele Apfelbäume gibt, presst der Mensch eben diesen Saft heraus, zunächst mit Steinen, bald mit den hölzernen Spindeln, die Johannes Gutenberg auf den Trichter brachten. Heute erledigen elektrohydraulische Monster die Arbeit, in haushohen Edelstahltanks reift und lagert der Apfelwein.

Postkartengruß aus Frankfurt-Sachsenhausen

Aber trotz der anonym-industriellen Verarbeitung des europäischen Apfelbergs durch eine Handvoll Fabriken und geschätzt hundert kleinen Betrieben im weiten Rund um Frankfurt haben sich unzählige Mikro-Keltereien gehalten, die ihr Stöffche nur für den Bedarf der eigenen Wirtschaft oder des Haushalts keltern. Manchem braven Familienvater reichen drei Glasballons mit Gummipfropfen und Gär-Röhrchen für den ganz persönlichen Jahresvorrat. Hier wird dann nicht aus Flaschen kredenzt, sondern aus dem Bembel, jener graublauen salzglasierten Karaffe mit Bauch, die ohne Heinz Schenks Sendung „Zum Blauen Bock" einer größeren deutschen Öffentlichkeit niemals bekannt geworden wäre.

Apfelwein ist süffig, deshalb kommt trotz niedriger Alkoholprozente gleich Stimmung auf. Bembel und Fässer sind schneller ausgetrunken als es manchem lieb ist. Die größte Schande für einen Wirt wäre es aber, im heißen Sommer, also kurz vor der neuen Saison, fremde Ware zukaufen zu müssen. Schmeckt vielleicht deswegen der zweite Bembel oft lascher als der erste? Wenn das der Otto Rumeleit erfährt!

Jeder Landstrich, auf dem nichts wächst außer Äpfeln, hat seinen eigenen Apfelwein: Die Normannen sind berühmt für ihren Cidre, eine Art Perlwein mit Apfelnote. Und natürlich für ihren Calvados, einen aus Apfelmaische gebrannten Schnaps, der allerdings nichts mit deutschem Apfelschnaps zu tun hat.

Noch süßer und für hessische Zungen absolut ungenießbar ist der englische Cider, der in seiner kitschig-süßlichen Geschmacksrichtung recht widerwärtig schmeckt, das Pendant zum warmen englischen Bier.

Cider brauen jedoch mittlerweile tatsächlich auch hessische Keltereien nach, wohl um die steigende Zahl von Briten in der Bankenstadt Frankfurt zu befriedigen, denen die Säure des Originals nicht mundet. Überhaupt empfinden manche Menschen, die nicht von hier sind, Apfelwein als sauren Angriff auf ihre Zunge, verwünschen ihn sofort und probieren ihn nie wieder, so dass die verbleibende Menge den Einheimischen zugute kommt, siehe oben.

Herkunft allen Apfelweins ist der Apfelacker, das vornehm Streuobstwiese genannte Stückchen landwirtschaftliche Nutzfläche. Er soll allein im Rhein-Main-Gebiet 16.000-mal vorkommen. Wie das auskunftgebende Ministerium auf die doch recht hohe Zahl kommt oder wie groß die einzelnen Flecken sind, das weiß es nicht. Sicher ist nur, dass der Apfel nicht weit vom Stamm fällt und dass deswegen das Obst im Herbst massenweise herumliegt und aufgelesen werden will. Das tun die Menschen, ob Bauer, ob Nebenerwerbslandwirt oder verrenteter Naturliebhaber mit intakter Rückenmuskulatur: Bücken und Schütteln, möglichst spät, damit der Apfel aromatisch, aber noch nicht verfault in die Kelter kimmt.

Nicht jeder Apfel indes taugt für den Apfelwein, es muss schon ein rechter Schoppeapfel sein. Tafelobst wie Golden Delicious oder Morgenduft sieht zwar schön aus, liegt gut in der Hand und ist gefällig im Geschmack – der wahre Krotzen aber heißt Bittenfelder, auch Bittenfelder Sämling genannt. Er ist klein und grün mit etwas roten Bäckchen, fast unansehnlich und für den menschlichen Verzehr erst nach Reiben, Pressen und Vergären geeignet. Winter-Rambur, Rheinischer und großer Bohnapfel, Schafsnase, Borsdorfer, Brettacher, Gewürzluike, verschiedene Renetten, Wintergoldparmäne, grüner Fürstenapfel, roter Eiserapfel, der Himbacher Grüne und selbstverständlich in minimalen Dosen die Mehlbeere namens Speierling sind neben vielen Lokalsorten die Wahlfrüchte der Keltereien – und allesamt eint sie das Bild, das man sich weltweit vom Hessen so macht: Auf den ersten Blick ein rauer und eigenartiger Gesell, bei näherem Hinsehen aber im Herzen solide und bei näherer Beschäftigung sogar von erstaunlicher Ausdruckskraft.

Nun geht die Marktwirtschaft nicht am Apfelwein vorbei. Und ebenso, wie verschiedene Publikationen das Wort an sich in den aberwitzigsten Formen zu verlautmalen versuchen – Ebbelwei oder -woi, mit vorne Äbbel- oder Äppel, in Mischformen wie Äpfelwein oder gar Apfelwei – genauso versuchen sich Keltereien in neuen Wortschöpfungen. Die misslungenste von allen ist „Äppler“, den eine Riesenkelterei leider erfolgreich platzierte, weil vor allem Zugewanderte glaubten, das Getränk mit diesem Ausdruck korrekt zu bezeichnen. Obwohl sich das Markenprodukt gleichen Namens kulinarisch in keiner Weise mit selbst Gekeltertem vergleichen lässt, wurde der Name irrtümlich auch bald für wirklich gute Stöffche verwendet – leider inzwischen auch von geschmacksverwirrten Einheimischen.

Der Mode, ein perfektes Produkt durch Veränderung zu verschlimmbessern, erliegen immer mehr Keltereien. Ob getrüffelter Apfelwein, Apfelsekt, ja Apfelchampagner, Varianten mit allerlei Zusätzen von Wachholder bis Himbeere überleben meist nur einige Jahre. Auch hier ist die Hemmschwelle bei der Namensgebung niedrig und treibt hässliche Blüten. Manche nennen das dann Apfel-Wein-Kultur 2.0 und glauben, den Apfelwein ins dritte Jahrtausend retten zu müssen. In Apfelbars, in Apfelhotels, auf Workshops in der Kelterei und auch bei „after-work-apple-to-go"-Parties.

Der Apfelwein hat allen Angriffen getrotzt, glitzert selbst dann im Glas, wenn schneidige Gastronomen die vergilbte Ur-Frankfurter Apfelweinkneipe der legendären Oma Rink neu tapezieren, sonstwie aufhübschen und einen Lifestyleschuppen daraus machen. Die angeblich älteste, sicherlich aber gemütlichste, vor allem jahrzehntelang von der am Ende greisen aber aufrechten Frau Rink bewirtschaftete Kneipe im Musikantenweg 68 hat sich vom verlässlichen Lieferanten eines butterzarten Rippchens unter Kraut zu etwas gewandelt, das mit Worten nicht zu fassen ist: Wo es heute „Rink's China Salat" gibt, geht man nicht mehr zum Apfelwein.

Dann doch lieber in die Touri-Stätten in Sachsenhausen, die sich mehr oder weniger in Originalzustand befinden. Oder in Fachwerkhäuser oder Kastanien-bestandene Gärten (nicht „Bier"-Gärten!) überall in Stadt, Dorf und Land. Wo man noch weiß, dass Grüne Soße mit dem Messer geschnitten wird. Dort rücken die Gäste auf den langen Bänken einfach zusammen und teilen ihren Bembel, wenn noch welche kommen.

Und den Angriffen aus Brüssel hat es auch getrotzt, unser Stöffche. Was ein später abgestrafter Ministerpräsident und ein eilfertiger Europaminister lauthals verkündet hatten, nämlich dass hessenhassende EU-Kommissare den Begriff Apfelwein verbieten wollten, erwies sich als Lüge.

Längst vor der angeblich spontan einberufenen Pressekonferenz hatte die EU die Idee verworfen, das Wort Apfelwein für unzulässig zu erklären. Der Einspruch von Polen war entscheidend gewesen (um in diesem Artikel wenigstens einmal den typisch hessischen Plusquamperfekt benutzt zu haben), die auch fürderhin bitte Fruchtweine als solche in Verkehr bringen wollten. Brüssel hatte auf diese Weise die Europäische Weinverordnung um einen Begriff erweitert, der aus seinem gerippten Glase strahlen möge bis in alle Winkel der Welt und für alle Zeiten: Apfelwein.

Guter Wein und schöne Worte
Château Margaux mit Siegfried Unseld

Mario Scalla

Das französische Château Margaux ist ein imposantes Gebäude. Nach einer von hohen Bäumen beschatteten Allee erhebt sich unweit der Weinmetropole Bordeaux ein blendend weißes Säulenportal, hinter dem einer der besten Rotweine der Welt lagert. Hier gilt Noblesse oblige, und nichts anderes.

Doch vor dem Margaux haben die Sommeliers den einfachen Lagenwein gesetzt, und so musste der Schriftsteller Martin Walser auf den Plan treten, um in der Verlagsmetropole Frankfurt für eine standesgemäße Besserung zu sorgen. Wer je auf einer Veranstaltung des Hauses Suhrkamp in der Lindenstraße im Frankfurter Westend zugegen war, einer abendlichen Lesung, einem Empfang oder der Vorstellung einer neuen, bedeutenden Publikation, kennt den ortsüblichen Chardonnay und den akzeptablen Rotwein. Dagegen ist nichts einzuwenden, derlei findet sich in so manchem, durchaus empfehlenswerten Restaurant der Stadt. Nun hatte aber der Verleger Siegfried Unseld einmal als Motto seines Hauses ausgegeben: „Wir verlegen keine Bücher, wir verlegen Autoren." Auch das verpflichtet, zumindest zur Autorenpflege. Unseld war mit vielen seiner Autoren befreundet und pflegte mit ihnen persönlichen Umgang. Martin Walser sagt über seinen langjährigen Leser und Verleger: „Siegfried Unseld war immer mein Leser, er muss nicht mein Lektor gewesen sein. Der erste Leseeindruck kam immer von ihm. Mir ist er deswegen wichtig gewesen, weil er keine intellektuelle Lesart hatte, sondern eine lebendige, eine Leserfahrung. Ich musste mich danach auch nicht richten. Bei einem Roman, es war 'Brandung' sagte er, in den ersten zwanzig Seiten komme er nicht in das Buch hinein. Da sagte ich: 'Siegfried, da kann ich Dir leider nicht helfen. Das muß so sein.'"

Wenn Unseld und Walser zusammensaßen, über Gott und die Welt und natürlich den neuen Roman des Schriftstellers sprachen, ging es nicht um die trockene Lektoratsarbeit, um Kommata,

Grammatik und andere kleinteilige Arbeit. Für eine solche wäre ein beliebiger Chardonnay, ein schlichter Pinot Noir sicherlich ausreichend gewesen, und Martin Walser erzählt auch, dass zu Beginn ihrer Freundschaft durchaus schlichte deutsche Weißweine auf den Tisch kamen, die nicht der Rede wert waren. Aber Walser verstand etwas vom edlen Rebensaft und hat dieses Wissen mehrfach in seine Bücher einfließen lassen. Grundsätzlich meint er: „So borniert kann man kaum sein, dass man einen guten Wein nicht zu schätzen weiß. Einer Romanfigur von mir, in 'Ohne einander', einem Schriftsteller allerdings, einem schon älteren, macht seine Tochter Vorwürfe, dass er jeden Tag ein bisschen früher zum Rotwein greift, und dann sagt er: 'Kind, es gibt Weine, dagegen ist jede menschliche Gesellschaft Barbarei.' Das kann man auch sagen."

Wer eine solche Einstellung besitzt, gibt sich auf Dauer nicht mit einem schlichten Pfälzer Landwein zufrieden, und so wurde in den achtziger Jahren die Freundschaft des Verlegers mit einem seiner berühmtesten Autoren auch auf eine ansprechende weinkundliche Grundlage gestellt, und außerdem die lange Geschichte von Wein und Literatur um eine Episode erweitert. Siegfried Unseld und Martin Walser saßen beisammen, spielten Schach – wobei der Verleger in Übung war und meist gewann, sein Autor hingegen, vom Drang beseelt nicht nachzustehen, gelegentliche Erfolge verbuchen konnte – und tranken sich durch die großen französischen Rotweine. Walser war begeistert: „Das nenne ich einen tollen Verleger. Der führt einen in Versuchung, aber besteht nicht darauf, sich gegenüber dem Autor durchzusetzen. Für solche Gespräche ist natürlich eine Weinbegleitung optimal."

Allerdings kann eine grandiose Weinbegleitung auch optimal sein, wenn der Verleger etwas durchsetzen möchte, wie es kolportiert wird, als Walser in „Finks Krieg" Ignatz Bubis auftreten lassen wollte, nur unwesentlich verschlüsselt, und Unseld seinen Autor vor der erwartbaren öffentlichen Aufregung beschützen wollte. Ein Château Margaux ist ein schlagendes Argument; wenn ein Weinkenner dabeisitzt, gibt es einfach keine besseren.

Vielleicht war es kein Zufall, dass im Jahr 2001, als Walser gerade den Roman „Finks Krieg" beendet hatte und das Manuskript wieder bei seinem ersten Leser angelangt war, ein Château Margaux auf den Tisch kam. Ein paar Monate später, im Januar 2002, sollte der Euro eingeführt werden und Walser hatte sich in einem Interview darüber beklagt, welch eine Kulturlosigkeit es doch darstelle, diesen besonderen, edlen Tropfen jetzt mit Euro erwerben zu müssen. „Grauenhaft“, so der Dichter vom Bodensee, sei diese Vorstellung, und so protestierte er dagegen, bald einen der größten Schätze Frankreichs mit einer nivellierenden Einheitswährung, dem Produkt der EU-Bürokratie und der Wirtschaft, kaufen zu können.

Der Abend mit Siegfried Unseld bot dem geplagten Autor eine willkommene Entspannung: „Wenn wir zu zweit waren, dann hat er die allerbesten Weine, also Bordeaux-Weine, geholt und wir haben sie getrunken und Schach gespielt. Da bleiben einfach Weintrinkbilder zu zweit, die sich halten.“

Als die Töchter von Karl Marx einst ihrem Vater und seinem Freund Friedrich Engels einen Fragebogen vorlegten, Lieblingsfarbe, -musik, den liebsten Philosophen, das begehrteste Essen, die schönste Erinnerung und anderes wissen wollten, da stand auf diesem Bogen auch: „Das größte Glück auf Erden.“ Die Antwort von Friedrich Engels lautete: „Château Margaux, 1848.“ Der Margaux-Jahrgang, den Unseld und Walser im Jahr 2001 zu sich nahmen, ist nicht bekannt. Aber das Weintrinkbild, das den Verleger, seinen Autor und die Flasche des berühmten französischen Weines in Frankfurt zusammen zeigt, hätte einen Platz im Bordelaiser Château der großen Domäne verdient.

Wem der Stör aus der Hand frisst
Kaviar aus dem Ried

Reinhard Lauterbach

Rund um Pfungstadt deuten die mit schwarzen Folien bedeckten schnurgeraden Wälle auf den sandigen Feldern darauf hin, was hier hauptsächlich angebaut wird: Spargel. Ein teures Vergnügen für die Verbraucher, weil nicht maschinell zu ernten. Und wenn der Blick sich von den Äckern hebt und auf die Bergstraße schweift, ahnt man die Kirschbäume, deren Blüte die Hänge alljährlich für zwei Wochen weiß überzieht. Auch ihre Früchte werden im Juni wieder ein Vermögen kosten, und die Bauern werden trotzdem wieder schimpfen, dass sie nicht auf ihre Kosten kämen: denn Kirschenpflücken ist nach wie vor Handarbeit.

Jens Zitzmann dagegen schimpft nicht, jedenfalls nicht öffentlich. Im Gegenteil, sein Geschäft läuft offenbar gut. Der freundliche Mittdreißiger lässt nebenbei ein paar Namen aus der ziemlich gehobenen Gastronomie fallen, die er beliefere. Zitzmann expandiert, plant einen Neubau draußen vor der Stadt, wo er mehr Platz hat. Jens Zitzmann züchtet Störe. Nicht so sehr wegen ihres Fleisches, obwohl es frisch zubereitet oder geräuchert sehr schmackhaft ist und den Vorteil besitzt, keine Gräten zu haben. Das Wertvolle am Stör sind seine Eier, bekannt unter dem Namen Kaviar. Etwa zehn Prozent des Körpergewichts bestehen bei laichbereiten Störweibchen aus Kaviar. Das heißt, bei den vier- bis fünfjährigen Tieren, die bei Zitzmann ihrem letzten Stündlein entgegenschwimmen, bis zu einem Pfund pro Exemplar. Marktwert: vierstellig. Ließe man die Stördamen einmal laichen, wie es ihnen die Natur gebietet, wäre der Kaviaranteil am Körpergewicht beim nächsten Mal sogar noch höher.

Doch das rentiert sich nicht. Störe brauchen mindestens vier Jahre, bis sie erstmals Kaviar produzieren. Das heißt vier Jahre Kapitalbindung, vier Jahre Futter, Energie, Wasserverbrauch. Und es bedeutet auch, dass in Zitzmanns Becken nur Weibchen schwimmen. Männchen sind fischwirtschaftlich gesehen unnütze Esser,

Zitzmann behält nur einige wenige für die Zucht zurück. Man kann allerdings erst nach zwei Jahren feststellen, ob es sich bei einem Stör um Männlein oder Weiblein handelt, und auch dann nur mit Hilfe von Ultraschall. Ein Mann zu sein, ist für einen Stör ein Glück. Denn dann wird er als Zier- oder Besatzfisch weiterverkauft und kann seinen natürlichen Tod erwarten. Es sei denn, er kommt in die Räucherei. Die Weibchen dagegen bekommen bunte Clips mit Nummern in die Seitenflossen, so wie Kälber welche in den Ohren haben. Jede Farbe steht für einen Jahrgang, so erkennt man, welche Fische demnächst reif zur „Ernte“ sind.

Nähert sich dieser Moment, steht zunächst einmal Diät an. Die letzten zwei Monate ihres Lebens verbringen die Störe in so genannten Läuterungsbecken – dort bekommen sie nichts mehr zu fressen, damit sie ihr eigenes Fett abbauen. Die Fische reagieren deshalb sofort, wenn man den Kopf über den Rand ihres Beckens steckt oder sich bewegt. In der Hoffnung, sie bekämen etwas zu fressen, schwimmen sie in dichten Schwärmen in Richtung des menschlichen Schattens.

Eine Störzucht, wie Jens Zitzmann sie in Pfungstadt inmitten eines Wohnviertels betreibt, hat mit einem Karpfenteich nur ge-

Hof der Firma „Gold-Kaviar“ in Pfungstadt

meinsam, dass sich Fische in Wasserbecken aufhalten, damit man sie später entnehmen und schlachten kann. Der ganze Rest ist anders. In einer kleinen Halle, die früher für die Produktion von Schrauben genutzt wurde, stehen sechs Betonbecken, vier kleine von der Größe eines ordentlichen Whirlpools, zwei jeweils so groß wie ein kleines Schwimmbecken. In allen ist das Wasser klar bis zum Grund, denn in einem Nebenraum steht eine Wasseraufbereitungsanlage, alle Pumpen sind doppelt ausgelegt gegen Stromausfälle. In alle Becken fällt ständig Frischwasser aus etwa 50 cm Höhe, so dass das Wasser in Bewegung ist und mit Luft angereichert wird – sein Wasser enthalte mehr Sauerstoff als ein Hochgebirgsbach, sagt der Züchter stolz. Und in allen Becken schwimmen Störe verschiedener Arten, immer Tiere eines Jahrgangs zusammen. Denn wenn man Fische unterschiedlicher Größe in einem Becken hält, sagt Zitzmann, dann bleiben die schwächeren immer schwächlich, weil ihnen die großen das ganze Futter wegschnappen. Es geht also ganz wie im wirklichen Leben zu bei Störs.

Vier Arten Störe hält Züchter Jens Zitzmann. Den kaspischen Stör, erkennbar an der mit weißen Karos gescheckten Haut, so, wie man ihn vielleicht aus dem Biologiebuch oder dem Tierfilm kennt. Er liefert den teuersten Kaviar, braucht aber relativ lange dafür. Eine graue und eine schwarze Art sibirische Störe – sie haben den Vorteil, schneller Kaviar zu produzieren, und schließlich ein paar Exemplare einer Rarität: weiße Störe für den superseltenen und superteuren Goldkaviar.

So etwas landete früher nur auf den Tisch des russischen Zaren und des persischen Schahs. Heute muss man vermutlich ebenso reich sein, um sich diese Delikatesse leisten zu können. Wenn man sie überhaupt bekommt. Denn Umweltverschmutzung und Überfischung haben dafür gesorgt, dass der Stör im Kaspischen Meer, wo früher die wichtigsten Vorkommen waren, fast ausgestorben ist. So ist sein Fang dort inzwischen verboten – ob sich Russen, Kasachen und Iraner daran halten, ist eine andere Frage. Der Kaviar, der in Europa auf den Markt kommt, stammt jedenfalls immer häufiger aus Zuchtanlagen. Jens Zitzmanns Firma

„Gold-Kaviar" ist dabei noch einer der „kleineren Fische". In Fulda steht eine wesentlich größere Anlage, und in Mecklenburg-Vorpommern hat ein amerikanischer Investor mit Private-Equity-Kapital in richtig großem Stil zugeschlagen – einschließlich aus Russland abgeworbener Kaviar-Meister. Ihm stand informelles Know-How aus alten Zeiten zur Verfügung: denn die DDR experimentierte seit den siebziger Jahren abgeschirmt vor den sowjetischen 'Freunden' mit der Kaviarzucht – es winkten reiche Deviseneinnahmen, aber bevor die Genossen den Dreh heraushatten, kam die Wende.

Jens Zitzmann macht dagegen alles selbst, auch das Schlachten und Entnehmen des Kaviars. Der Raum dafür sieht aus wie im „Tatort" die Gerichtsmedizin: Metalltische, bis obenhin gekachelte Wände, Waschbecken, Einmalhandschuhspender, Geräte, die an OP-Bestecke erinnern. Die Fische werden getötet, von Kopf bis Schwanz aufgeschnitten, dann werden die schwarzen, braunen oder grauen Eier vorsichtig entnommen, durch ein Sieb gedrückt, nach Größen sortiert, ein bisschen gesalzen – aber nicht zu stark, um den Geschmack nicht zu verderben – und ab in die Büchse. Im Idealfall soll das alles in zehn Minuten passiert sein, klinische Hygiene bei der Arbeit ist unerlässlich.

Jens Zitzmann war Aquarist, bevor er in die Kaviarproduktion gegangen ist. Man merkt es ihm noch an, wenn man mit ihm am Becken mit den halbwüchsigen Stören steht. Die tummeln sich besonders munter, springen und stecken neugierig die Köpfe aus dem Wasser, wenn Besucher kommen. Und wenn man den Finger ins Wasser hält, kommen sie sofort und lutschen daran wie ein Kind am Schnuller. Zitzmann führt das Kunststückchen mit sichtlichem Vergnügen vor, beruhigt: „Nein, sie können nicht beißen, sie haben keine Zähne", begeistert sich: „schauen Sie mal, da unten der, ist der nicht schön?" Ja, er ist schön.

Tut es ihm nicht leid, seine geschickten gescheckten Lieblinge irgendwann aufschneiden und ausnehmen zu müssen? Nein, sagt er. Ich bin Landwirt. Die Kollegen, die Schweine und Kälber haben, müssen auch irgendwann von ihnen Abschied nehmen.

„Umschalet stachlig grüne Frucht“
Wie die „Keusche Nea“ in den Taunus kam

Hadwiga Fertsch-Röver

Ihr Name geht auf eine antike Sage zurück: Einst soll sich der römische Gott Jupiter um die Gunst der schönen Nymphe Nea beworben haben. Doch die Schöne wollte nichts von Jupiter wissen. Da sie keinen anderen Weg sah, sich der göttlichen Zudringlichkeiten zu erwehren, tötete sie sich. Jupiter verwandelte die Leiche der Selbstmörderin in einen Baum, der stachelige Früchte mit einem süßen Kern trug. Der Baum wurde „Casta Nea“ – „keusche Nea“ – genannt.

Jedes Jahr, Anfang Oktober – manchmal ein bis zwei Wochen früher, manchmal später – ist es so weit. Dann trägt der Wald zwischen Kronberg und Mammolshain im Vordertaunus die süßen Früchte der Nymphe Nea. Dem Jupiter sei Dank.

In meiner Kindheit kam dann eine Zeit, in der wir das Abendbrot zu Hause verschmähten. Dann zogen wir Richtung „Süßes Gründchen“, in ein Tal zwischen Mammolshain und Altenhain. Auf dem Fußweg hinter dem Sportplatz schlugen wir uns in den Wald. Dort hatten sich zwischen Buchen, Kiefern und Eichen vor Jahrhunderten gepflanzte Edelkastanienbäume erhalten. Ihre ausladenden Kronen wuchsen aus merkwürdig verknoteten und verdrehten Stämmen hoch zum Licht hin. Ihre länglichen, gezackten Blätter begannen sich schon gelb zu färben und ließen sich sehr gut als Indianerfedern nutzen. Wenn es still war, konnte man die stacheligen Früchte von den Bäumen fallen hören. Und wenn man Glück hatte, war die Schale schon aufgeplatzt, und die braunen, als Pärchen oder Drillinge gereiften dickbäuchigen Kerne ließen sich ganz leicht rausnehmen, ohne dass wir von den feinen Stacheln gepiekst wurden.

Die erste schmeckte am besten. Allerdings musste man mit dem Taschenmesser erst die rotbraune glänzende Schale entfernen und die dünne bittere Haut abkratzen. Ein besonderer Genuss war es, wenn Besuch aus der Stadt dabei war. Wir warteten dann schon auf den entsetzten Aufschrei „Vorsichtig, das ist doch giftig!", wenn wir uns die nussige Frucht in den Mund schoben. In Frankfurt kannte man eben nur Rosskastanien, die dort die viel befahrenen Alleen säumten. Hier im Vordertaunus aber wuchsen Edelkastanien. Ihre Früchte kannten Städter allenfalls als „Heiße Maronen", die viel dicker sind und für teuer Geld auf dem Weihnachtsmarkt verkauft wurden. Die Kastanien aus dem Taunus waren zwar kleiner, aber schmeckten genauso gut. Dass es sich bei unserer Beute um eine der ältesten kultivierten Nahrungsfrüchte handelte, war uns Kindern nicht klar.

Zum Sammeln brauchten wir keine Handschuhe: wir packten die stacheligen Früchte an ihrem Ährenschweif, den „Kätzchen", die – praktischerweise – die männliche Blüte vom Befruchtungsvorgang hinterlässt, und warfen die stacheligen Gehäuse zu großen Haufen auf den Weg. Dann kamen die Stiefelabsätze zum Einsatz. Ein gezielter Hackenschlag öffnete die stachelige Schale und die Früchte sprangen heraus. Zu Hause kerbten wir die Kastanien an ihrer dicken Seite kreuzweise ein und legten sie auf ein Bachblech. Ohne die mühsame Ritzerei drohten die Maronen nämlich zu platzen und ihren Inhalt im Ofen zu versprengen. Geröstet schmecken sie wie süße Kartoffeln, roh eher wie junge Walnüsse.

Ein paar Handvoll sättigen mehr als ein Abendessen. 40 Prozent Stärke steckt in einer Esskastanie, und mit ihren geringen Fettanteilen ist sie eine leicht verdauliche Kost: Hildegard von Bingen schrieb der Kastanie sogar allerlei Heilkräfte zu. Roh genossen sollen Maronen selbst gegen Depressionen helfen.

„Römische Mönche", erzählten sich die Kinder an der Mammolshainer Zwergschule, hätten die Kastanie in die Gegend gebracht. Das ist Kinderlogik. Die historisch widersprüchliche Formulierung bringt die verschiedenen Erklärungen, wie die Esskastanie in die Taunusregion kam, in einem Begriff zusammen. Ursprünglich war die Edelkastanie nur in Nordafrika, Kleinasien und Südeuropa zu Hause. Die Ernährungshistoriker sind sich aber sicher, dass die Römer die Maronenbäume mit der Weinrebe über die Alpen brachten. Überhaupt bilden Esskastanie und

Weintraube kulturhistorisch wie kulinarisch ein Paar. Nicht nur, weil die Früchte zur gleichen Zeit wie die Trauben reifen und gern zum Wein genossen wurden. Das wasserabweisende, tanninhaltige, sehr haltbare Holz der Kastanie lässt sich gut verwerten, für Fässer wie auch für Rebpfähle auf dem Weinberg.

Ob die römische Besatzungsmacht unweit ihrer Grenzbefestigungen Limes im Taunus, in Oberursel, Kronberg, Mammolshain und Neuenhain systematisch Kastanienhaine pflanzten, weiß man heute nicht genau. Sicher aber ist, dass im Mittelalter vom südhessischen Kloster Lorsch aus der Anbau der Esskastanie betrieben wurde. Insofern haben Römer und Mönche den Kastanienanbau in dieser Gegend kultiviert.

Die erste urkundliche Erwähnung in der Taunusregion stammt aus dem 11. Jahrhundert. Mammolshainer „Keste" sind erst durch Dokumente aus dem Jahre 1756 belegt. Schultheiß Adam Bommershain ließ einem Pfarrer zum Dank für eine Spende einen Korb mit „Castanien" schicken. Die Gemeinde verzeichnet in ihren Protokollen die Anpflanzung von Kastanienbäumen oder die erfolgreiche Versteigerung der Keste für die Gemeindekasse. Die nussige Frucht aus den Taunuswäldern schätzte auch Goethe. Im Buch „Suleika" im „Westöstlichen Divan" setzte er der „umschalet stachlig grünen" Frucht ein literarisches Denkmal. Die Esskastanien gehörten offenbar zu den wenigen Dingen aus seiner Heimat, die Goethe in Weimar vermisste. Mutter Aja musste ihm jeden Herbst einen Korb nach Thüringen schicken.

Noch heute steht in der Gemarkung von Mammolshain, oberhalb der Badbach ein Kastanienbaum, der schon die Familie Goethes versorgt haben mag. Auf 250 Jahre schätzen die Förster den hochgewachsenen Baum. Vier Mannsbilder können den fast sechs Meter dicken Stamm gerade so mit ihren Armen umfassen. Das Naturdenkmal ist Mittelpunkt eines Kastanienhains, der von den Mammolshainern nun wieder gehegt und gepflegt wird.

Fast ein Jahrhundert lag die Kastanienkultur im Vordertaunus brach. Zu Beginn des 20. Jahrhunderts lohnte sich der Anbau für die Mammolshainer und Kronberger nicht mehr. Schuld ist auch die Eisenbahn. Nach Eröffnung der Linie über den St. Gotthard

Edelkastanie in Mammolshain

kamen die fleischigeren Maronen aus Italien auch über die Alpen. Dagegen kamen die „Keste“ aus dem Taunus nicht an. Aber auch als Nutzholz verlor die Kastanie an Bedeutung. Seit 1910 wurde keine Edelkastanie mehr gepflanzt. Die Haine verödeten. Doch dank des milden Kleinklimas im Schutze von Hardtberg und Altkönig hat ein veritabler Kastanienwuchs überdauern können. Neben den Wäldern im nahe gelegenen Oberursel und denen an den Elbhängen bei Dresden gehört Mammolshain zu den nördlichst gelegenen großflächigen Kastaniengebieten in Europa.

„Edelkastaniendorf" heißt es stolz auf einem Schild am Ortseingang von Mammolshain, heute ein Stadtteil von Königstein. Die Stadt Königstein hat ein Pflegekonzept zur Erhaltung der Esskastanienkultur in der Gemeinde Mammolshain erstellen lassen. Und engagierte Gemeindemitglieder haben eine „Interessengemeinschaft Edelkastanie Mammolshain" gegründet.

In den sechziger Jahren streiften nur wenige Ortskundige im Herbst durch den Mammolshainer Wald, um Maronen zu sammeln. Sie wurden zu Hause geröstet oder als Füllung für den Gänsebraten am Martinstag aufgehoben. Heute ist die Kastanie kulinarisch wieder in Mode gekommen, ob geröstet, gekocht, gebraten, glaciert, püriert, getrocknet oder gemahlen. Es gibt raffinierte Rezepte für das klassische Kastanienmus, für Kuchen oder Soufflees, Suppen oder gar Likör. Das „süße Brot der armen Leute", wie die Maronen in Italien genannt wurden, ist heute ein Luxusgut. Und im Oktober ziehen nun zuhauf Familien und Spaziergänger, ausgerüstet mit Körbchen und Tüten, durch die Kastanienhaine im Vordertaunus. Manch einer hat gar einen Jutesack geschultert. Wenn da keine große Familie zu verköstigen ist, soll sicher ein Obststand um eine Delikatesse bereichert werden.

Troko Schoki statt Mon Chérie
Witzenhausen und die Kirschen

Andreas Wicke

Das Kirschenwunder zu Witzenhausen begann bereits im 16. Jahrhundert, genauer gesagt am 18. Novembris 1573, als ein urkundlich belegter Zaunstreit zwischen Leonhart Metz und Hans Albrecht mit jenem weisen Urteil endet, welches besagt, dass „die kersebern ein jeder, was uf seinem teil wechset oder hangt, friedlich gebrauchen und nachbarlich sich jegen einander erzeigen" soll. Die „kersebere" oder „Kesper", wie sie mundartlich heißt, ist jenes Steinobst aus der Familie der Rosengewächse, das wir hochdeutsch „Kirsche" nennen. Und sie hat das Leben und vor allem die Ernährung der Witzenhäuser nachhaltig beeinflusst.

„Witzenhausen, das sind 16.500 Nordhessen, 150.000 Kirschbäume und ein Minigolfplatz", witzelt die „ZEIT" 2004 und übersieht damit nicht nur die wunderbaren beruflichen Perspektiven, die die Kirsche den jungen Witzenhäuserinnen und Witzenhäusern eröffnet. Für die Mädchen dürfte es das Amt als Kirschenkönigin sein, das den größten Reiz ausübt; seit 1967 wird die Obst-Monarchin alljährlich gewählt, 2007 regierte und repräsentierte Julia II. das Kirschenland an der Werra. Die Burschen hingegen dürfen sich als Triathleten versuchen, um irgendwann die höchste Weihe als Cherry-Man zu erlangen. Geschlechtsneutral hingegen ist das – interessanterweise auch als Mannschaftssportart mögliche – Kespersteinweitspucken; allerdings darf man die Anforderungen dieses scheinbaren Kinderspiels nicht unterschätzen, denn der momentane Rekord der in Witzenhausen stattfindenden deutschen Meisterschaften liegt bei 24,33 m. Das feierliche „Anspucken", so der Fachterminus, durch die amtierende Kirschen-Hoheit ist Teil der jährlichen Kesperkirmes.

Vor allem jedoch hat die Kirsche kulinarischen Einfluss auf die Witzenhäuser, denn das Repertoire erschöpft sich natürlich längst nicht in Kirschkuchen, Kirschmarmelade und Kirschsaft. Vielmehr hat man sich in Witzenhausen auch an Kirschwurst ver-

Kampfbahn zur Ermittlung des Meisters im Kirschsteinweitspucken

sucht, die die Nordhessische Spezialität der Ahlen Worscht mit Kirschwasser verfeinert, darüber hinaus gibt es Kirschschnitzel, das mit Kirschen gebraute Kirschbier und als jüngsten Spross der Witzenhäuser Obstküche auch die Trockenkirsche, frech TROKI genannt. Überzieht man sie zusätzlich mit Schokolade, kommt die wunderlich klingende, aber köstlich schmeckende TROKI SCHOKI dabei heraus, die verschärfte Variante heißt dann TROKI CHILI SCHOKI. Fragt man Matthias Roeper, den Witzenhäuser Kirschologen und Leiter des Stadtarchivs, nach seiner Lieblingskirschenspezialität, kommt die Antwort wie aus der Pistole geschossen: Kirschwasser.

Der ehemalige Bürgermeister Hans Koch, der eigens eine Rezeptsammlung mit Kirschcocktails herausgegeben hat, nutzt das Witzenhäuser Steinobst sogar zur Völkerverständigung, indem er einen Städtepartnerschaftencocktail kreiert: Man nehme je 1 cl Kirschwasser und Kirschlikör aus Witzenhäuser Kirschen, dazu aus den französischen und englischen Partnerstädten 2 cl Bristol

Cream Sherry sowie 4 cl Rotwein aus dem Anbaugebiet Hermitage/Rhône. Wohl bekomms!

Das ungewöhnliche Restaurant „Kirsche“ wirbt damit, das Kernigste an Sontra zu sein. Zwar könnte man pedantisch einwenden, dass Kirschen keine Kerne, sondern Steine haben, aber Sontras steinigstes Restaurant könnte schnell zu einem werbetechnischen Fiasko führen. Das 2004 von den jungen Hotelfachfrauen Ivana Krenzer und Kirsten Sesar gegründete Kirschen-Kulinarium hingegen floriert, und das liegt nicht nur am Blick auf den Sontraner Marktplatz und an dem Ambiente im denkmalgeschützten Fachwerkhaus, sondern vor allem an einer Speisekarte, die von Kirschweinbaguette über Kirschkaffee, Kirschnudeln und Kirschsecco bis zu Vanilleeis mit heißen Kirschen das Obstpotenzial voll ausschöpft. Der Renner ist die Pfannenpizza „Schwein trifft Kirsche“ mit Salami, Camembert – und natürlich Kirschen.

„Die Kirschen sind von außen rot,
Doch drinnen steckt als Kern der Tod;
Nur droben, wo die Sterne,
Gibts Kirschen ohne Kerne.“

So klagt Heinrich Heine, und er wäre vermutlich mit der Fortsetzung des Sontraner Kirschenmärchens äußerst zufrieden. Die beiden Kirschköchinnen eröffnen nämlich zusätzlich zum Restaurant noch ein Hotel, und da darf natürlich das Kirschkernzimmer nicht fehlen. Hier sind die Matratzen mit Kirschkernen gefüllt, das Mobiliar wird mit Kirschen dekoriert und die Tapete zieren Kirschmuster. Wie gut, dass es ihn hienieden gibt, den gemeinen Kirschstein (vulgo: Kirschkern). Hätten doch die Brüder Grimm schon geahnt, dass im Werra-Meißner-Kreis nicht nur Frau Holle lebt, sondern auch Kirschenköniginnen, die beim Weitspucken sieben auf einen Streich erledigen und dann das tapfere Schneiderlein treffen: „und als sie an einem Kirschbaum vorbeikamen“, heißt es in den Kinder- und Hausmärchen, „faßte der Riese die Krone des Baumes, wo die zeitigsten Früchte hingen, bog sie herab, gab sie dem Schneider in die Hand und hieß ihn essen.“ Und dann ziehen sie alle miteinander glücklich zurück ins Kirschenmärchenland Witzenhausen. Und sollte eines der vielen Kirschengerichte wider Erwarten einmal doch nicht so geraten, wie es sich Koch oder Köchin vorgestellt haben, dann ist man auch darauf professionell vorbereitet, denn schließlich wurde in Witzenhausen 1983 die Biomülltonne erfunden.

Vier Sterne über Langen
Ein Besuch im „Amador“ mit Abschweifungen

Manfred E. Schuchmann

Eine scharfe Kurve, dann die Pietät Daum, der Friseursalon Johann und die Raumausstattung Bach. Wer nicht aufpasst, ist schon vorbei: Juan Amadors Restaurant liegt zwischen Friseur und Raumausstattung, dort wo die Fußgängerampel steht und geographisch auf halber Strecke zwischen Frankfurt und Darmstadt.

Die Altstadt von Langen, Kreis Offenbach, versprüht den Charme vollendeter Biederkeit und das Fachwerkhaus mit der Anschrift Vierhäusergasse, Ecke Fahrgasse, in dem Amador seine hochgelobte Küche zelebriert, würde von außen auch ein halbes Hähnchen mit Pommes und Salat erwarten lassen. Michelin-Leser aber wissen, dass hier Hessens einzige drei Sterne glänzen. Auf dem nahen Parkplatz am Alten Rathaus sieht man besonders freitags und samstags Karossen, die nur selten einmal das Kennzeichen des Kreises Offenbach tragen.

Es ist schon Jahre her, dass ich selbst wenigstens einmal pro Woche in eben jenem Fachwerkhaus Vierhäusergasse, Ecke Fahrgasse, am Tresen lehnte, ein Pils in der einen und eine Rothhändle in der anderen Hand. Ich wohnte nur ein paar Schritte weiter in der Wassergasse, preiswert oben unterm Dach, mit der patenten Patriarchin der Raumausstattung Bach als ungemein toleranten Vermieterin. Damals hieß das heutige „Amador“ noch „Malkasten“ und zeigte an den Wänden ab und an ein paar Fotografien oder Aquarelle, die zusehends von einer schweren Nikotin-Patina tapeziert wurden. Der „Malkasten“ war eine redliche Kneipe mit erheblichem Lärmpegel, und seine gastronomischen Höhepunkte bestanden aus Käsewürfeln mit einer Traube auf einem Zahnstocher. Später abends fehlten erst die Trauben, dann der Käse, man stieg auf Ültjes-Kerne um. „The times they are a-changing.“

Juan Amador ist der Komet unter Deutschlands Kochkünstlern, ein Hexenmeister molekularer Schäume und Träume, unerwarteter

Das „Amador" in Langen

Geschmacksexplosionen auf Zunge und Gaumen. Reservierungen haben bei ihm eine Vorlaufzeit von mehreren Wochen, Tendenz steigend. Dafür brennt Amador dann aber ein temporeiches Tischfeuerwerk ab, das sich vom primären Ziel der Nahrungsaufnahme zwecks Sättigung um Lichtjahre entfernt und zu einem hochklassigen Entertainment aller Sinne emanzipiert hat – zum kulinarischen 'L'Art pour l'art'. Eine winzige Kräuterpille füllt mit heißer Schärfe die Mundhöhle, die später von einem stickstoffgefrosteten Mojito-Bällchen leicht unter Betriebstemperatur abgekühlt wird. Aus Ampullen und Pipetten, mit Lutschern und kurzen Löffeln führe ich mir Kompositionen zu, die recht eigentlich eher die Materialisierung einer platonischen Idee von Geschmack darstellen, philosophische Essenzen von Würfel- oder Pralinengröße, dazwischen eine Gänselebermousse aus der Tube mit Brotcroutons von der maximalen Dicke eines mikroskopischen Schnitts. Sensationell! Ein Strammer Max mit flüssigem Speckkonzentrat aus dem Glasröhrchen und einem pochierten Wachtelei, das auf einem grazilen Drahtobjekt balanciert. Umwerfend! Salat aus Senfgurkenschaum mit Schweinebauchwürfelchen, Kapern und Kaviar im Miniatureinmachglas. Unerhört! Demütig sauge, schlürfe, löffle ich solcherart Substanz gewordenen Geist, und unwillkürlich werden Bilder von früher gehabten Lebens- und Leibesgenüssen in der Langener Altstadt vor meinem geistigen Auge lebendig, Erinnerungen voller fröhlichem Lärm und deftiger Gerichte.

Schräg gegenüber dem „Amador" gab es in der Fahrgasse einmal die „Alte Schänke", die freilich kein Alt-Langener jemals bei ihrem Namen genannt hat, sie hieß nach ihrem Wirt allgemein nur „Metzjer-Willem". Dann gab es die Metzgerei Metzger vis à vis, die dem Cousin des Schänke-Wirts gehörte, und die immer dienstags abends den besten Schwartemagen im weiten Umkreis aus der Wurstküche zauberte. Und schließlich war da noch die Bäckerei Berck, deren Brötchen ich mir noch einmal zum Frühstück wünschen würde, hätte ich drei Wünsche im Leben frei. Diese Institutionen der alten Langener Geschmackskultur sind vom Lauf der Zeit längst verschlungen und verdaut worden, aber in meiner Erinnerung leuchtet über ihnen allen ein kleiner, heller Stern, der in keinem Gourmetführer zu finden ist. Ein Stern für die bescheidenen Freuden meiner jungen Jahre.

Carabineros mit Blumenkohl-Couscous und einem Klecks Limonencrème werden aufgetragen, dazu eine Krustentierbouillon aus dem Reagenzglas, mit dem Trinkhalm zu konsumieren, und ein Schluck vom voluminös-herben 2006er Albarino der Bodegas Lagar de Pintos aus Galizien, mit einem Nachhall wie eine Kirchenglocke. Hinreißend! Köstlich! Nie hat ein intensiverer Geschmack nach Meeresfrüchten meine Papillen gekitzelt. In der „Alten Schänke", fällt mir dabei ein, war das Deutsche Beffstück einst das höchste der Vergnügen. Ein bodenständiges Vergnügen, es wurde auf der knapp einseitigen Speisekarte übrigens genauso buchstabiert, wenn mein Gedächtnis mich nicht trügt, wie ich es hier wiedergebe:

Beffstück. Es war der beste Hackbraten, der jemals auf einen deutschen Teller kam, fest genug und locker genug und hinreichend groß, ein Kunststück, das Nina, die Köchin und Frau des Wirts, jahrein, jahraus in unfehlbar gleicher Qualität produzierte, und dazu gab es, nicht zu vergessen, einen Berg punktgenau gebratener Zwiebeln und zwei Scheiben Brot. Es wurde viel Beffstück gegessen beim „Metzjer-Willem", auch Handkäs mit Musik, Rippchen mit Kraut und die Hausmacher Wurst, die natürlich vom Metzger Metzger gegenüber kam.

Im „Amador" schwebt unterdessen eine Schale heran, darauf ein kulinarisches Ikebana aus der allerzartesten Brust der Mieral-Taube mit zwei Würfelchen gelierter Kokosmilch, dazu ein seidenfeiner Hauch von Mango und Purple Curry als diskreten Obertönen, unvergesslich wie eine Gedichtminiatur von Juan Ramon Jimenez. Reine Poesie, von einer völlig anderen Geschmacks-Galaxie stammend als ehedem das gut geerdete Angebot in der „Alten Schänke". Dafür entfiel dort auch die mehrwöchige, geduldige Anwartschaft auf einen Essplatz.

Wenn ich spätabends mit Freunden vom ebenfalls längst verblichenen Langener „Club Voltaire" kommend noch einmal beim „Metzjer-Willem" einfiel, war meistens kein Stuhl mehr frei, außer am sakrosankten Stammtisch, an dem drei große Schweiger mit ihrem Schoppen und ihren qualmenden Stumpen befasst waren. „He, ihr Gammler, hockt euch hierher!", hieß es dann öfters in Richtung von uns Langhaarigen, von einer lakonisch einladenden Kopfbewegung begleitet. Dieser ehrenden Aufforderung wurde selbstverständlich Folge geleistet. Die „Alte Schänke“ war ein Ort lebendiger hessischer Liberalität, und im übrigen stand nie zu befürchten, dass sich aus dem reinen Zusammenhocken der Generationen ein längerer Dialog entspinnen würde, die Sphären blieben nachbarlich und freundschaftlich geschieden. Wer abends in der „Alten Schänke“ gesessen hatte, teilte das seiner Mitwelt allerdings noch tagelang freizügig mit, die Beize von Zwiebeln und Tabak hielt sich hartnäckig selbst in gut gelüfteten Pullovern und bürstengeschrubbten Poren.

Immer im Nachsommer, wenn die Dahlien in den Kleingärten am Schwimmbad im Mühltal noch und die Astern schon blühten, hing ein verführerisch schwerer Duft von frischem Apfelmost in den Altstadtgassen. Beim „Metzjer-Willem“ wurde gekeltert. Jeder, der ein paar Apfelbäume auf den inzwischen längst verbauten Wiesen rund um die Stadt sein Eigen nannte, brachte seine Ernte in die Fahrgasse. Dort wurde goldener Saft aus den Äpfeln gepresst, der „Süße“, der von überall her die Wespen und die Neugierigen anlockte. Im Hof der „Alten Schänke“ herrschte tagelang vom frühen Morgen bis zum späten Abend eine frohe Betriebsamkeit mit Volksfestcharakter. Samt Deutschem Beffstück, versteht sich. Wie oft habe ich meinen Plastikkanister mit fünf Liter Süßem nach Hause geschleppt, wo er alsbald mit dem Rauschen begann, wenn man ihn nicht zügig austrank.

Das alles gibt es schon lange Jahre nicht mehr. Dafür gibt es in der Langener Altstadt heute ein Gourmetrestaurant von internationaler Reputation und mit internationaler Kundschaft, Langener selbst sind dort eher rare Gäste. Die Küche des „Amador“ ist unvergleichlich. Tusch. Applaus. Mein geschmackliches Wahrnehmungsvermögen befindet sich an diesem Abend in einem nachwirkenden Taumel. Das Dessert hat sich mit seinen alchemistischen Birnen- und Schokoladen-Aromen für immer in meine sensorische Begriffswelt eingraviert, der aristokratische Abgang des bernsteinfarbenen 2004er Singles Blaus aus dem katalonischen Montsant scheint minutenlang anzuhalten ... nur mein proletarischer Bauch reklamiert leise, aber eigensinnig einen geringfügig zu niedrigen Füllstand. Ach, jetzt zum Abschluss noch einmal die drei Schritte hinüber zum „Metzjer-Willem“ gehen und ein Deutsches Beffstück bestellen zu dürfen, vielleicht ja nur ein halbes, und einen Schoppen von seinem Selbstgekelterten dazu! Das wäre das ganze Glück auf Erden.

Die Autorinnen und Autoren

Leonie Berger, geb. 1976 in Frankfurt am Main, studierte Kulturwissenschaften und Ästhetische Praxis in Hildesheim. Seit ihrem Volontariat beim Hessischen Rundfunk arbeitet sie als Redakteurin und Autorin für hr2-kultur und SWR2.

Stefan Fries, 1977 im Rheinland geboren, studierte Politikwissenschaft, Germanistik und Geschichte in Münster und Lille. Seit 1995 beim Radio, u.a. als Regieassistent beim Hörspiel, vor allem aber als Journalist beim Lokalradio in Neuss und beim Campusradio Radio Q in Münster. Volontariat beim Hessischen Rundfunk, seitdem freier Journalist vor allem bei hr2-kultur.

Hadwiga Fertsch-Röver, geb. 1957 in Frankfurt, Studium der Soziologie in Frankfurt, Aufbaustudium Journalistik in Mainz, Rundfunkvolontariat in Berlin. Seit 1988 beim Hessischen Rundfunk als Redakteurin, Moderatorin und Autorin.

Ruth Fühner, wuchs auf, wo Deutschland am besten kocht: im Badischen. Das machte sich an ihrer Kleidergrösse zur Tanzstunde unangenehm bemerkbar. Trotzdem wählte sie mit Freiburg einen Germanistik-Studienort nahe den legendären Fresstempeln des Elsass. Mit der frugalen Küche an ihrem Arbeitsort (Moderatorin bei hr2-kultur) tat sie sich zunächst schwer, bis sie die kulinarischen Weltstadtaspekte Frankfurts entdeckte.

Alf Haubitz, Jahrgang 1963, Frankfurter und Journalist aus Überzeugung, Apfelweintrinker und Radiomacher aus Leidenschaft. Kam über die Stationen Schülerzeitung, Stadtteilmagazin und Frankfurter Rundschau zum Hessischen Rundfunk. Als Moderator und Redakteur bringt er den Hörern von hr2-kultur Menschen und Themen näher. Sein Motto im Leben und beim Keltern: Humor darf, Birne kann, Speierling muss!

Barbara Henke, gebürtige Berlinerin, lebte lange im Ruhrgebiet, studierte in Münster in Westfalen und kam anschließend nach Frankfurt/Main. Über die Arbeit für den Hessischen Rundfunk auf kulturhistorische Besonderheiten Hessens aufmerksam geworden, geht sie von Fall zu Fall gern abseits des Mainstream liegenden Themen nach.

Reinhard Lauterbach, geb. 1955, studierter Historiker und Slawist, seit 1986 in verschiedenen Redaktionen von hr2-kultur tätig.

Eva Ludwig, geb. 1957, Studium der Romanistik und Germanistik in Frankfurt, Berlin, Lille und Paris. Volontariat beim Hessischen Rundfunk. Arbeitet als freie Journalistin, Rezensentin und Übersetzerin, u. a. für hr2-kultur.

Ursula May, Kulturjournalistin. Ist in Limburg geboren, hat Theaterwissenschaft in München und Berlin studiert und arbeitet seit 1986 als Kritikerin und Redakteurin überwiegend für den hr. Zur Zeit ist sie Redakteurin des TV-Magazins „Hauptsache Kultur“.

Dorothee Meyer-Kahrweg, geb. 1961 in Essen, Diplom-Biologin. Nach dem Volontariat arbeitete sie beim Öko-Test-Magazin in Frankfurt, betreute dann die Deutsche Ausgabe des World-Watch-Magazins und wendete sich schließlich dem Hörfunk- und Fernseh-Journalismus zu. Im Hessischen Rundfunk betreut sie die hr2-kultur Hörbuch-Bestenliste und die Feature-Redaktion. Ihre Hörbuch-Reihe „Chronik des Jahrhunderts“ (DHV, München) erhielt 2005 den „Deutschen Hörbuchpreis“.

Renate Müller, geb. 1967 in Würzburg, studierte Biologin, wollte aber nicht im Labor enden. Deshalb nach Stationen bei der Würzburger Mainpost, FAZ und Berliner Zeitung seit 2000 Redakteurin, Moderatorin und Reporterin beim Hessischen Rundfunk. Hasst frühes Aufstehen noch aus Ihrer Zeit als Kneipenbesitzerin, springt aber wie eine Gazelle aus dem Bett, wenn die Frankfurter Großmarkthalle ruft.

Jürgen Roth, geb. 1968, lebt in Frankfurt/Main. Schriftsteller und Lehrbeauftragter für Sprachwissenschaft. Jüngst erschienen sind „Rettet das Rauchen!“ und die Anthologie „Der Mann mit den neunhundertneunundneunzig Gesichtern – In Gedenken an Michael Rudolf“, beide im Oktober Verlag, Münster.

Gudrun Rothaug, 1960 in Wiesbaden geboren, studierte Kunstwissenschaften und arbeitet seit 1996 beim Hessischen Rundfunk.

Hans Sarkowicz, geb 1955, Historiker und Germanist mit zahlreichen Veröffentlichungen u.a. zu hessischen Räuberbanden, Erich Kästner, Heinz Rühmann und Philipp Freiherr von Boeselager. Seit Jahren Rundfunkredakteur in hr2-kultur und dort Teamleiter Kultur, Bildung und künstlerisches Wort.

Mario Scalla, geb. 1961, studierte in Münster Soziologie, Philosophie und Germanistik und beendete sein Studium mit einer Promotion über Bertolt Brecht. Arbeitet als freier Journalist in Frankfurt/Main.

Rudolf Schmitz, geb. 1951, Kunstkritiker, Kunstjournalist, Filmautor, lebt in Frankfurt am Main. Schreibt für Süddeutsche Zeitung und FAZ, arbeitet als Hörfunk- und Fernsehautor für den Hessischen Rundfunk (hr2-kultur und Hauptsache Kultur) und für arte. Carl-Einstein-Preis für Kunstkritik (2000) und Preis für Kunstkritik des Dachverbandes deutscher Kunstvereine (2008)

Manfred E. Schuchmann, sitzt seit vielen Jahren vorm Mikrofon von hr2-kultur, wechselt aber wöchentlich das Medium: vom Radio zum Fernsehen und wieder zurück. Wurde mit einer Arbeit über Max Frisch promoviert und ist immer noch neugierig auf Menschen und Themen. Dabei hält er die Unterschätzung der Hörer und Leser für die einzige unverzeihliche Anmaßung des Journalismus.

Leopold Schuwerack, seit Jahren Redaktionsleiter in hr2-kultur, verantwortlich für die Magazine „Mikado“, „Kulturfrühstück“ sowie die Gesprächssendung „Doppelkopf". Daneben tätig als Autor (Theaterkritiken, Glossen und Presseschauen), ebenfalls in hr2-kultur. Kulinarische Maxime: „Warum Brot essen, solange es noch Kuchen gibt."

Martin Maria Schwarz, geb. 1963 in Frankfurt, arbeitet als Moderator und Autor für hr2-Kultur. Publiziert Bücher zur hessischen Geschichte sowie Hörbücher zur Fußballgeschichte. Er ist als Sprecher für Hörbuchproduktionen und als Gourmetanalyst für diverse Medien tätig.

Dieter Sdun, Sportredakteur beim Hessischen Rundfunk, verheiratet, mehrere Kinder. Lebt als glücklicher Mensch in Zornheim.

Ulrich Sonnenschein, geboren 1961 in Essen, Studium der Germanistik und der Kommunikationswissenschaft, Promotion über Arno Schmidt. Er war Lektor an der Universität Limerick, Irland, und arbeitet seit 1989 als Redakteur, Autor und Moderator bei hr2-kultur. Verschiedene Veröffentlichungen zu Hessen, Jugendkultur und gesellschaftlichen Themen. Er lebt mit Frau und zwei Kindern in Frankfurt.

Birgit Spielmann, geboren 1955; Studium in Frankfurt/Main, Rennes und Lille. Mehrjährige Arbeit als Übersetzerin sowie Autorin und Redakteurin vom „Frankfurter Frauenblatt". Seit 1987 für den Hessischen Rundfunk tätig.

Christian Sprenger, wurde in Wiesbaden geboren und hatte eine idyllische Kindheit im wunderschönen Taunus. In Frankfurt studierte er Kulturanthropologie und Europäische Ethnologie an der Johann-Wolfgang-Goethe-Universität. Er ist Musiker, DJ und Produzent, seit 1997 arbeitet er für den Hessischen Rundfunk als Redakteur, Moderator und Autor in hr2-kultur und im Hessen Fernsehen.

Ruthard Stäblein, geb. 1953, Studium in Berlin, Toulouse, Tübingen und Paris; DAAD-Lektor in Nancy; arbeitet seit 20 Jahren für hr2-kultur als Autor und Redakteur; Herausgeber einer Reihe über Sitten und Moral; erschienen bei Fischer und Insel; isst und trinkt gerne.

Daniel Sulzmann, geboren 1971 in Seligenstadt, wohnt in Oberursel. Seit Sommer 2000 beim Hessischen Rundfunk, davor Studium der Germanistik, Philosophie und Geschichte in Frankfurt. Jagdschein seit 2001. Hat vor allem Wildschweine zum Fressen gern.

Utz Thimm studierte an der Justus-Liebig-Universität Gießen Biologie. Nach einem Praktikum beim Hessischen Rundfunk arbeitete er zunächst dort als freier Mitarbeiter, später als Redakteur, dann an drei hessischen Universitäten (Frankfurt, Gießen, Marburg) in den Pressestellen. Seit Anfang 2001 ist er wieder zu seinen Wurzeln bei der Wissenschaftsredaktion Hörfunk in hr2-kultur zurückgekehrt.

Julika Tillmanns, geboren 1969 in Bochum, Studium der Philosophie und Literatur an der Johann Wolfgang Goethe-Universität in Frankfurt/Main, Aufbaustudium Wissenschaftsjournalismus an der Freien Universität Berlin, seit 1999 Autorin beim Hessischen Rundfunk.

Andreas Wicke, geb. 1970, studierte Germanistik, Musik und Philosophie in Kassel und Wien, promovierte mit einer Studie zum Problem der Ehe in der Literatur der Wiener Moderne und lehrt als Literaturwissenschaftler an der Universität Kassel. Nebenbei arbeitet er als Kirchenmusiker und Journalist.

Bildnachweis

Titelbild Alt-Frankfurt im Bild, Frankfurt/M. 1931
S. 13 Stich von Christian Gg. Schütz d. Ä., 1751
S. 18 Bergbau- und Stadtmuseum Weilburg
S. 22, 25, 40, 45, 63, 66, 77, 93, 94, 105, 119, 125, 128, 132 Dieter Mayer-Gürr
S. 29 Heinrich Hoffmann, Frau Sonne, Freiburg 1964
S. 36 Leonie Berger
S. 49 Freies Institut für Bauforschung, Marburg
S. 53 Hans Otto Schembs, Kaiserkrönungen im historischen Frankfurt, Velbert-Neviges 1987
S. 56 Studentenwerk Marburg
S. 59 Anette Kubitza
S. 70, 71 Christian Sprenger
S. 81 Fam. Perrone, Frankfurt
S. 102, 110 Privatbesitz

In dieser Reihe bereits erschienen:

Martin M. Schwarz,
Ulrich Sonnenschein (Hg.)
Hessen kriminell
Orte des Verbrechens in Hessen
ISBN 978-3-89445-253-7
(1999)

Martin M. Schwarz,
Ulrich Sonnenschein (Hg.)
Hessen gefälscht
Orte eigener Wahrheit
ISBN 978-3-89445-308-4
(2002)

Martin M. Schwarz,
Ulrich Sonnenschein (Hg.)
Hessen riskant
Orte des Scheiterns in Hessen
ISBN 978-3-89445-265-0
(2000)

Martin M. Schwarz,
Ulrich Sonnenschein (Hg.)
Hessen vergessen
Orte ohne Erinnerung
ISBN 978-3-89445-325-1
(2003)

Hadwiga Fertsch-Röver,
Birgit Spielmann (Hg.)
Hessen: Wo die Liebe hinfällt
Paare und Passionen in Hessen
ISBN 978-3-89445-277-3
(2001)

Martin M. Schwarz,
Ulrich Sonnenschein (Hg.)
Hessen schamlos
Orte verwegener Taten
ISBN 978-3-89445-332-9
(2004)

Martin M. Schwarz,
Ulrich Sonnenschein (Hg.)
Hessen langsam
Orte gedehnter Zeit
ISBN 978-3-89445-371-8
(2006)

Martin M. Schwarz,
Ulrich Sonnenschein (Hg.)
Hessen zornig
Orte spontaner Erregung
ISBN 978-3-89445-385-5
(2007)